渔乡
桥语

苏州市相城区黄桥街道历史文化研究会 编

苏州新闻出版集团
古吴轩出版社

图书在版编目（CIP）数据

渔乡桥语 / 苏州市相城区黄桥街道历史文化研究会编. -- 苏州：古吴轩出版社, 2023.12
ISBN 978-7-5546-2258-2

Ⅰ. ①渔… Ⅱ. ①苏… Ⅲ. ①区(城市)－地方史－苏州 Ⅳ. ①K295.34

中国国家版本馆CIP数据核字(2023)第229278号

责任编辑：俞　都
装帧设计：杨　洁
责任校对：胡敏韬
责任照排：杨　洁

书　　名：渔乡桥语
编　　者：苏州市相城区黄桥街道历史文化研究会
出版发行：苏州新闻出版集团
　　　　　古吴轩出版社
　　　　　地址：苏州市八达街118号苏州新闻大厦30F
　　　　　电话：0512-65233679　　邮编：215123
出 版 人：王乐飞
印　　刷：苏州市墨利印刷有限公司
开　　本：889mm×1194mm　1/16
印　　张：18.25
字　　数：212千字
版　　次：2023年12月第1版
印　　次：2023年12月第1次印刷
书　　号：ISBN 978-7-5546-2258-2
定　　价：48.00元

如有印装质量问题，请与印刷厂联系。0512-66619266

《渔乡桥语》编纂委员会

主　任：冯宏庆
副主任：李婧祎　郑东彪　徐晨艺　陆宜楠　张建国
顾　问：周澜源
编　委：张　莉　李佩华　沈卫忠　赵秋萍　沈惠琴
　　　　金建英　万米方　朱树泰　陆德生　韩文明

四通八达的黄桥高架立交桥

欣欣向荣的新黄桥

黄桥未来工场畅想未来

青苔国际工业设计村笑迎创业者

国际研发社区引领高质量发展

虎丘湿地公园扮靓渔乡黄桥

智能产业园"给力"转型升级

居民家门口的黄桥梅花园

蓝天碧水中的红杉网红地

黄桥荷塘月色湿地公园

序

黄桥是渔乡，也是桥乡。

说黄桥是桥乡，与黄桥的名字有关。黄桥，本是一座桥的名称，最早时有叫"黄土桥"的，也有喊"黄塔桥"的，不管叫什么桥，它都承载了一个街道厚重的历史，彰显了江南水天堂的本色。

说黄桥是桥乡，更离不开这些渔乡众多的桥。其实，黄桥只是渔乡众多桥梁的"代言人"，还有更多桥点缀在弯弯曲曲、绵密细小的港河浜溇。作为名副其实的水天堂，这里村村有桥，水路相通，桥桥相望。据2005年统计，黄桥共有桥梁108座，其中跨航道桥梁7座、公路桥梁20座、农桥81座。

黄桥桥梁密布，有造型不同的拱桥、梁桥、平板桥，有风格各异的石桥、砖桥、木桥、跳板桥、竹夹桥。后来，木桥、竹桥、跳板桥逐步被砖混水泥桥代替。

黄桥桥梁的名字，有的与村名有关，如南木圩桥、下庄桥、占上桥等；有的与水道有关，如旺巷浜桥、九曲河桥、圩底港桥等；有的与方位有关，如东板桥、南桥、西角桥、北巷桥等；有的与传说故事有关，如小庙桥、旗东桥、宜桥、青龙桥、山顶港桥等；有的与特定历史有关，如翻身桥、跃进桥等；有的与特定位置有关，如窑上桥、荷花桥、大会堂浜桥等；有的与材质、用途有关，如老木桥、便民桥、水闸桥等；有的与农业生产有关，如利农桥、圩巷桥、为农桥等；有的与渔业发展有关，如渔区桥、渔专队桥、便渔桥等；有的与工业建设有关，如喷漆厂桥、汽东桥、综合厂桥、厂区桥；有的与美好愿望有关，如同心桥、发源桥、幸福桥、兴隆桥等。

黄桥的建桥史基本与生产生活相关，在20世纪农渔业时代，为服务各村的建设，构建了许多跨航道桥梁。1967年起，有关村先后在西塘河上建造4座桥，为反修桥、三五桥、民安桥、国泰桥。1976年朝阳河开挖后，又建起6座桥，为跃进桥、向阳桥、韩金沟桥、朝阳桥、濮更桥、永方大桥。这些桥梁促使黄桥走向更加广阔的天地。

黄桥的桥，无论是在风雨里剥蚀过的、在发展中拆迁了的，还是现在仍然坚挺地承载着滚滚车轮的，它们都凝聚了黄桥人的智慧和勤劳，记录着黄桥人的坚实脚步，共同成就了黄桥人沟通往来、不息奋斗的水陆联结。它们是纽带，是跳板，从这些桥上走出去，黄桥人走出了鱼米之乡，走出了"老板镇"，走出了生态片区，走出了一条小康之路。

桥是黄桥人坚定的足迹，是黄桥人奋斗路上的丰碑。留住黄桥众多桥梁的历史，其实就是追溯曾经的奋斗精神。桥接未来，让坚定、融合、奉献的黄桥精神薪火相传，创造更加璀璨的明天。

2023.6.10

目 录

序……………………………………………………… 冯宏庆

第一篇章 桥畔故事

失而复得的黄土桥 …………………………………… 2
风云变幻的通关桥 …………………………………… 6
乐园桥还是绿园桥？ ………………………………… 9
为农桥的变迁 ………………………………………… 11
小河南桥——望"渔"桥 …………………………… 13
春风唤醒河东桥 ……………………………………… 15
河南行桥,一只迷离的眼 …………………………… 17
名不符实的冯家村桥 ………………………………… 19
为"渔"而生的三家村桥 …………………………… 21
昙花一现的新开河桥 ………………………………… 23
小桥汇聚鱼池窠 ……………………………………… 25
风雨沧桑话宜桥 ……………………………………… 27
记忆里的旺巷浜小木桥 ……………………………… 29
连接香火的陆家桥 …………………………………… 31

回味无穷的白龙桥	33
身兼界碑的杨木桥	35
因桥名河的薛家桥	37
牛车浜上的东浜桥	39
窑廊桥的"窑"来"窑"去	41
传说迷离的绍兴桥	43
飞越桥的前世今生	45
三次"变身"的流动浜桥	47
方浜第一桥——小木桥	49
"不知其名"庄家尖桥	51
翻身桥"翻身"记	53
"红色"籪口桥	55
摆渡口上的立新桥	57
一举两得的闸门桥	59
承载厚重历史的青龙桥	60
见证张庄发展的北巷桥	63
板桥港上的孪生桥	65
小庙桥与老风俗	67
下庄村里的上庄桥	69
摇身三变的生田桥	71
传奇的旺家桥	73
强村富民的金峰桥	76
向阳桥的时代烙印	78
旗杆庄东旗东桥	80
从传渡船到反孔桥	82

就闸而架的严家溇桥 …………………………………… 84

"争得来"的毛家桥 …………………………………… 86

大庄老木桥与"桥头小学" ……………………………… 88

民安桥得民心 ………………………………………… 90

三桥度春秋——聚说徐埝桥、项家村桥、南行廊桥………… 92

幸福路上幸福桥 ……………………………………… 95

藏在水面下的长流桥 …………………………………… 97

从反修桥到大庄桥 …………………………………… 100

从大寨桥到国泰桥 …………………………………… 102

新东桥的蝶变 ………………………………………… 104

白马寺的前世今生 …………………………………… 106

第二篇章　桥乡风流

解放大军过黄桥 ……………………………………… 112

李觉：铁骨铮铮的共产党员 …………………………… 118

杨阿考：英勇无畏的黄桥武工队员 …………………… 123

黄桥英烈：血染的风采 ………………………………… 126

姚根林：农村党支书的楷模 …………………………… 139

李荣法：只要给他3年的时间 ………………………… 144

朱阿菊：领袖亲授"光荣枪" …………………………… 149

王福康：丝绸之路上的"特命大使" …………………… 155

张元根：从渔家儿子到军分区司令 …………………… 160

金泉元：深耕三尺讲台的寒门学子 …………………… 164

杨乃珍：第一个把苏州评弹唱出国门 ………………… 169

张浙慧：走上奥运赛场的相城第一人 ………………… 175

沈德龙：以针为笔绘人生 ………………………………… 180

周文雍：30多年如一日倾情"老苏州" …………………… 185

吕师孟：长眠黄桥的安徽宋故官 ………………………… 190

一块古碑记载了一段抗争史 ……………………………… 194

朱顺公祠：难再相见的历史文化名片 …………………… 199

第三篇章　桥接未来

打造"双中心"建设的"黄桥样本" ……………………… 206

勇立潮头的"老板镇" …………………………………… 211

"电镀乡"的崛起与蜕变 ………………………………… 216

新版"黄桥保卫战" ……………………………………… 221

战天斗地牵出鱼种繁育佳话 ……………………………… 225

北庄两渔民的"高光人生" ……………………………… 231

尤苑：高原上书写"无疆大爱" ………………………… 237

李菊坤：三个维度书写成功史 …………………………… 242

王正介：情系仿古青铜器失蜡铸造工艺 ………………… 247

沈志刚：一名奋斗不止的"创二代" …………………… 252

冯淑琴：既能百炼钢，亦可绕指柔 ……………………… 257

陈建治：国字号行业协会授予终身贡献奖 ……………… 262

陈宇：足球娃娃的"黄浦教父" ………………………… 267

李春：苏州金龙的"设计师" …………………………… 273

后　记 ……………………………………………………… 277

第一篇章

桥畔故事

失而复得的黄土桥

黄土桥，位于黄桥老街的集镇上，是一座砖石平板桥，东西走向，横跨中心河，桥两侧置有栏石。相传，桥东曾有座古塔，桥名由塔而来，地名因桥而成。古吴语中，"土"与"塔"谐音，故后称"黄塔桥"，亦称"黄土桥"，1958年始，简称"黄桥"。

在1964年之前，黄土桥是石板桥，石条桥面，东西两侧有石阶。1964年，黄土桥重建，桥名为"黄桥"，桥面南侧刻有"黄桥""公元一九六四年八月重建"，为阳塑；桥面北侧刻有"黄桥""公元一九六四年八月重建"，为双勾题刻。

根据史料，黄土桥最早可追溯到清朝乾隆年间。民国《吴县志》记载，黄土桥属于金鹅乡金杯里十五都西三图，金杯里十五都西三图离城一十四里。黄土桥始建于何年，今已无从考证。乾隆《苏州府志》记载，大学士徐元文墓在虎丘山后黄土桥；《吴门表隐》有朔州知州蒋深和职监周淦墓在黄土桥的记载，蒋深和周淦都是清前期人，这时黄土桥属长洲。

桥梁既为行人服务，又为商业发展做贡献。世代以农耕作业为生的农民，开始把生产出来的农副产品运到镇上销售。清咸丰年间，乡绅马健庵率先在黄桥堍西开马乾泰杂货店。民国时期，陆续开设小作坊、小店杂铺,自然形成一条东西走向的小街。新中国成立前夕,街面由条石铺就,下设下水道,最狭处不足2米,最宽处4米左右,全长不足130米,桥东有店10家,桥西有店25家。1986年,老街拓宽翻建,碎石路改成条石铺面,两侧平房翻建成楼房。

黄土桥历史悠久,桥畔的多数文物、古迹因各种缘故毁于一旦。蒋家坟即朔州知州蒋深墓,位于黄桥西街南侧,坟墩占地3亩余,"文化大革命"期间,墓碑被毁。据目击者回忆,开棺时,尸体如睡着,肌肤如常,颇有弹性。

咸丰十年(1860),太平军北上,攻破苏州,直迫常熟。太平军北进常熟中,路过西塘河,遭到地方团练马健庵组织的团丁顽抗,经过激烈巷战,太平军攻破黄土桥镇,刀劈马健庵。后清政府为马健庵树碑立传,并加官其子。同治七年(1868)十一月初四,马健庵同其妻合葬。在黄桥镇西(原黄桥医院院址)建造坟墓,占地3000余平方米,栽种松柏数千株。1958年,坟毁,挖出马健庵棺木及碑石2块;1959年,碑石被送至南京博物院保存。

白马寺在黄土桥畔,原名"白马庙",源于南宋白马救主典故,为南宋江南72座白马寺(庙)之一。相传,清顺治年间,有位僧人路过黄土桥,但见白马庙上空萦绕着霞光瑞气,便驻足不前,对白马庙进行修缮扩建。白马寺占地40多亩,寺内有大雄宝殿、戏台、楼阁、花庭、画舫,园中有参天银杏树2棵。

黄桥又有"革命老区"之称,这里水域宽广,河港湖泊纵横交错,在对敌斗争中是开展游击战的好地方。当年苏锡地区中共地下工作者和新四军游击队都曾在此活动,借这片水上战场抗击日伪,取得了一次次胜利。1949年4月28日,《苏州明报》登载了标题为《苏州解放,欢声雷动》的报道:中国人民解放军华东解放军司令陈毅部队,廿五日在无锡开始向苏州攻击后,国民党反动匪军,在苏试图向人民要挟敲诈,顽踞于苏州市区外围各点,解放军为保全苏州人民生命财产,先行喊话劝降,但匪军并不觉悟,并乱放炮弹,解放军为解救苏州人民速脱匪军挟制,遂于廿六日晚六时二十五分,向市区攻击,当即歼灭浒墅关匪军二连,彻底占领该地,同时解放军向枫桥、西津桥攻击。匪军被俘136人,不战而退。遂进逼齐门外公路与黄土桥。匪军负隅顽抗,经一度激战后,纷纷败逃。解放军越过火车站,进攻钱万里桥,据守该地之匪军在解放军密集炮火与英勇奋战下,枪炮声终至渐灭。同时李王庙之解放军亦挺进至盘门,至昨晨四时,匪军完全溃减,从娄门外沿京沪线向东溃退逃遁。解放军遂于昨晨六时二十分,在苏州人民热烈欢迎之情绪下,分自金、阊、平三门入城。全市人民连日在匪军撤退要挟索诈与奸淫破坏之苦痛情绪下,见此英勇与坚苦作战之人民解放军莅苏,莫不面露笑容,万人空巷,在清晨阳光熹微,朝风轻拂,欢欣情绪下,伫立两旁争观解放军之英姿。人民欢迎解放军之情绪,真如见远方归来之兄弟,和蔼可亲。现苏州新历史已开始,预料新中国成立后之苏州人民亦必开始新的生活云。

相传吴越春秋时,陶朱公范蠡携西施于蠡口乡蠡塘湖筑堤养鱼,其潜心所著的《养鱼经》使当地人民得益匪浅。毗邻的黄桥受益最先,几乎家家养鱼,先人还将传统的养鱼技术不断加以完善,使渔业生产愈加辉煌,故黄桥素有"鱼米之乡"之称。

1980年,黄桥水产中心站投资4万余元,在黄土桥东堍建造一幢4开间3层办公楼,用于安排门市部和办公室。自1978年起至

1983年，每年冬季各生产队干塘起捕时，各大队按公社定额指标上交给水产站成品鱼。水产站租用方浜村80亩鱼池栈养，每年栈养青鱼6万斤，草鱼6万斤，鳙鱼、鲢鱼、鲤鱼、鳊鱼18万斤，保障春节供应。

随着改革的春风吹遍大江南北，具有300年历史的渔乡变了。黄土桥两岸涌现了上千个私营企业老板，上千家私营企业撑起了黄桥经济大厦，黄桥镇成了远近闻名的"老板镇"。

2018年5月，为满足苏州城市化进程推进及春申湖路快速化改建的需求，黄土桥和黄桥老街都消失在了人们的视野中。2021年，在黄桥以西约30米的中心河上架起了一座桥，取名"中心河桥"，黄桥街道第二届议政代表杨帆知道情况后，提出了对规划新建桥梁拟命名为"黄土桥"的建议，得到了有关部门的采纳。2021年度地名修编，新建桥梁被正式命名为"黄土桥"。

黄土桥失而复得，焕发新春，留住了乡愁，架起了黄桥文明进步的纽带。

风云变幻的通关桥

北庄被密集的水网分割、组合,在以养鱼为生的旧时代,为了方便到村西边的池塘、湖荡从事养鱼工作,村民搭设了众多桥梁。其中在东塘河摆渡口搭设的通关桥成了村内的地标。

悠悠渡口,旧社会时由钱根木家人、周大妹等在此摆渡,摆不尽渔民回返往复于村头池畔的艰辛和苦累。

20世纪50年代,渡口建起了一座木结构桥,以长木条为档,上面横铺木条为桥面,沿台阶至桥面两侧均设有高于膝盖的木扶栏。在台阶与桥面交界口,两端都设有口状门,夏天,调皮的小孩行经此处,忍不住像吊吊环一样吊住上面的横木,来回晃悠几下就扎入东塘河中。日久,风雨剥蚀,木桥于1962年坍塌。

随后在原址架设了石桥,直至1965年改造成水泥桥,长18米,宽4.5米,桥名由当时的教师王继学所题,名中的"关",并不是关卡,而是指实现国家当时的五年计划,顺利过关。

通关桥架于东塘河上,南边水域宽阔,北边至三家村桥河段稍显收势。在东塘河两岸边有数个河埠头,俗称"塘河滩头"。

桥堍西侧北端原有凉亭一座,为砖木结构的八角亭。此建筑是北庄因为养鱼业而盛极一时之体现。当时,黄桥人要上苏州城，开设了航船，一日一班，航船从黄桥桥湾里开出，往南走北庄，过南庄基，进西塘河，经铁路洋桥，穿李王庙桥，不久就进入冯家浜底，村民由此靠岸泊船，进得城中。水路的通行，让北庄村民享受到了苏州城的繁华，也让城里人对这个虎丘山北麓的渔村有所青睐。曾有一位作家，名许幸之，与鲁迅为同时代人，他有一次乘航船途经南庄基，沿东塘河，过一个鱼池，缓缓而行，看到凉亭，他不无兴奋地向旁人介绍：这里就是有名的渔村北庄。然而，岁月沧桑，凉亭禁不住风雨剥蚀，于20世纪60年代中期坍塌倾覆于东塘河水中。

旧时，西桥堍侧还有老庄基乡绅沈氏宅。20世纪30年代，在这里设立了北庄国民学校。一度设为茶馆。新中国成立初，恢复为学校，与南校合称"黄土桥乡中心小学"，挂牌"北庄中心小学"，俗称"北校"，学生来自黄桥许多村落，如黄桥村、占上村、永兴村、旺更村等。1958年，黄桥人民公社成立，撤北庄中心小学，设北庄完小。

通关桥东侧摆渡口南，过去有条门前池塘，21世纪初被填平成大片水泥地。到了晚上，北庄附近的村民不约而同地汇聚在这个露天舞台跳广场舞。摆渡口北面一行村宅叫作"短浜"，短浜东北部原先为两三条花子潭。21世纪，村里将池塘填平建造了北庄农贸市场。一到傍晚，车水马龙，好生热闹。

为了顺应村民汽车进出需求，通关桥需要重新改造拓宽，当时意图对其降低铺平，但无法实施，于2013年前后进行加固、加厚、加宽。改造后的通关桥桥面开阔，能容纳北庄村民的汽车来往通行。桥南河东岸侧的舞场边和河西岸侧的南校旧址皆被铺平，建了2个停车场。北庄村农贸市场也被改成停车场，重新营建于通关桥东南停车场的南端。这样，地处北庄村中部核心地段的通关桥，承担了3个停车场和1个农贸场的人来车往，实在不堪其重。

2009年，北庄西边合并了几百个池塘和一些湖荡，扩以水域，磊以高土，筑以大堤，建以亭台，植以新树，建起了公园，作为虎丘湿地公园的重要组成部分。

2018年夏，栖居在湿地公园东畔的渔村北庄也全面进入拆迁阶段。

2018年秋，为配合三角咀生态景观工程建设，苏州市河北段东塘河进行整治，为保证水系畅通，拆除3座危桥，其中，通关桥拆于2021年。

乐园桥还是绿园桥？

北庄乐园桥，建于1970年，桥名被讹传为"绿园桥"。

乐园桥架于前浜，此浜向西通往西堰栅，流经三角咀，抵达西塘河。

此桥建于北庄的河东、河西分而为治期间，由河西大队部建于南木圩。南木圩是老庄基向南拓建的村落，由6个小队组成，老庄基留有2个小队。村民需要解决通往南木圩的交通问题，便于前浜和苏州河上同时架起2座桥，乐园桥为南北走向，为农桥为东西走向，一横一竖，互相照应。这给河西村民出行带来了方便，从老庄基往南经乐园桥，再折而向东经为农桥，再经池路，就可通达南木圩村部。

乐园桥桥身构架比为农桥稍显复杂。中间为一大桥洞，半圆形，两侧于驳石之中分别设有椭圆形小桥洞，以防汛期水流。桥身底层为圆弧形水泥制板，中间为3层平砌八五方砖。再上层砌以石块，两侧厚，上层平铺2层红色八五砖，最后覆以水泥板。桥两侧扶手为高约50厘米的小墙，因沿桥身而呈梯形。桥身两侧中间都贴有一块长方形水泥板，上书"乐园桥"3个大字。一侧桥堍连接老庄基，另一侧通往常家池。

乐园桥长15.4米,宽2.8米,与为农桥形成姐妹桥,给渔民的生活和渔事带去了方便,让渔民通向了"乐园"。

至2018年,北庄河西进入大拆迁时代,乐园桥与为农桥相依相伴最后两年,于2020年拆除,成为河西村民永远的记忆。

为农桥的变迁

北庄河西有座为农桥,顾名思义,建于大办农业时代。桥名曰"为农",实则是"为渔",此处村民以渔业为生。因为河西水多田少,通往苏州城内之路必定要架桥。此桥东西走向,横架于苏州市河北梢,此处正与村中流出的东塘河北端交接,方便出行。

为农桥前身为竹桥,由6根毛竹平行绑缚而成。桥上有竹扶手,人行桥上,桥面荡悠,胆小的妇女过桥时不免心惊肉跳,但迫于生计,总要斗胆过桥,好到南木圩池塘做渔事。

1970年改为水泥桥,得名"为农桥"。西桥堍架于常家池与严家池的池岸上,东桥堍架于连三池岸,所谓连三池,即3个花子潭所并。桥长14.3米,桥宽2.7米。由于河面开阔,桥洞略呈环形,可并排通行2艘机帆船。

桥身底部为环形水泥板。中部砌以两层石块,一层为条石,一层为不规则石头。再上层平砌黄色八五砖,边缘稍突,如同纹饰,最上层为水泥板。两侧有水泥板桥栏,约50厘米高,像两堵小城墙。两边桥堍各有7层台阶,西桥堍折而向北筑有道板路,东桥堍折而向南也是道板路,形成"Z"字形,成为河西人往返苏州城的必经要道。

2018年，北庄河西进入拆迁阶段，为农桥早已失却了"为农""为渔"和通行的功效，但它依然留恋这片水天堂。

2020年，为农桥被拆除，那汩汩流淌的苏州河仿佛玉臂上丢失了一只玉镯，它轻轻诉说着为农桥曾经的故事。

小河南桥——望"渔"桥

小河南桥架在北庄河西的前浜，乐园桥的西北。名为"河南桥"，可想而知，一桥通架南北，方便村内人互通往来。最重要的是，这座桥像一块跳板，形成了一条渔村人当年去往西面池塘的通道。

其实小河南仅是巴掌大的弹丸之地，只有河西1队的村民聚居于此，而桥堍另一侧沟通的是老庄基方砖场3队，这里人丁兴旺，算得上是河西的"内陆"了。

小河南桥的前身是一座木板桥，有3根横梁，其上用长条形小木板钉成一块大木板，延伸到桥堍。这是一座为民生计必备的桥，承载着渔民出池干活的脚步，相较于其他竹桥，它显得有点另类了。

1960年，水泥桥取代了木桥，长15.4米，宽1.9米，它以较为坚固的身影出现在村内，这座桥上便聚集了更多人气，不仅有渔民出入，也有桥堍两侧村民夜话。

因为是设在村落之间，不能过于高大，桥背微拱，桥洞呈扁圆形，可容渔船出进，水泥板承载桥身，中部为竖砌的两排红八五砖，桥堍边再砌以大石头，然后横砌一层红八五砖，边缘冒出,桥面为水泥板。桥身两侧扶栏是两堵约50厘米高的水泥墙,桥堍下是一排石驳岸。2009年,池塘翻整为湿地后,站在这座桥上,举目便能观瞻湿地风光,可谓近水楼台先得月。

  2018年,北庄开始大拆迁,小河南桥依然静静伫立,像一头老黄牛,承载着村民来往搬迁的步履,目送他们远离这片曾经在其上休养生息的水土。

  最后,它于2020年被拆,完成了历史使命。

春风唤醒河东桥

河东桥建于1978年,是北庄人通往外界的东部出口。它跨于河东浜上,桥以村名,出于通安水筑匠人陆福明之手,形状极为普通。

桥面较高,水泥平板铺就,桥墩由浜底垒以大石块而成,桥洞几乎呈正方形。桥堍两侧分别斜向扁砌红色八五砖十数层,最上层铺以水泥,与路面贯通。西桥堍贯通村巷,所经村巷成为北庄村主要通道,渐有店面形成。东桥堍下南侧斜驳石基,以坚固外围。

河东桥比之先建于河东浜上的河南行桥而言,显得后来居上,具有高、大、宽的特点,长18米,宽5.2米,所以渐渐取代了河南行桥连通外界的地位。它与河南行桥一横一竖跨于浜上,互相呼应。

始建河东桥的时候正值改革开放之风初起,渔事盛行,随着承包到户,这座桥的桥下生趣盎然,经常有北庄大渔村的机帆船出行其下,通往渔专队。

20世纪90年代,渔民逐渐由此走出,去到村东和村外的工厂寻找工作。随着工业时代的到来,桥下水道凋敝,慢慢成为一潭死水,而桥上焕发了新气象,村民雄赳赳、气昂昂地走上工业之路。桥上车来车往,为顺应时代发展之需,村内填平西桥堍北侧鱼池和废基,改为停车坪。但这仍然承载不下更大的发展,村子于2018年开始大拆迁,河东桥坚守到最后,于2021年被拆除。

河南行桥，一只迷离的眼

　　河南行桥横跨于黄桥北庄河东浜上，南北走向。桥梁长15.3米，宽1.85米。桥下初可并排行驶两条小木船，或可通行一条机帆船。

　　河东浜是北庄河东南部的一条东塘河支流，浜以村名，东西走向。河东浜向东通往里浜观音堂，浜东头纵贯一条南北走向的渠道，就在这"丁"字形交界口的浜头架过一座木板桥，方便村民进出观音堂，也方便村民从东头外出。

　　观音堂于20世纪60年代被拆除后，木板桥渐渐毁损，而通往浜南的路因为要绕过此桥，折而西向，非常不便，村民便于1965年向西推移20来米重新建桥，取名"河南行桥"。顾名思义，建此桥是为方便北庄村村民通行至河南自然村落的，也方便到达搬迁于村子东面的大队部。

　　河南行桥桥洞为圆形，稍扁，桥面比八仙桌稍大，微拱，村民称其为"环隆桥"。桥身底层为弯形水泥板，上面随势竖砌两排八五砖，再上面一层是桥堍两边砌的一些大石块，又随势扁砌一排红色八五砖，略突，像装饰的花边，最后覆以水泥板桥面。东西两侧都设有扶手，每侧皆有8个半圆形石栏并排而立，形成拱形之势，与桥下圆拱桥洞上下呼应，相得益彰。

两边各有十层台阶，后来，由于上下人多，便在台阶东、中、西分别铺就水泥小通路，以方便自行车、电瓶车等上下。

南桥堍西侧有一河滩，是为河南人在河东浜上洗刷之用。北桥堍西侧数米也有一河滩，是为河东人洗刷之用。两河滩的人隔浜相对，洗涤之时还能互相照应。

晚于河南行桥所建的河东桥，在进行加固修缮后，有更多人通行，从而河南行桥功用降低，仅有附近人通行，桥面逐渐颓败，桥洞迷离地倒映于水，像老人始终睁着的眼睛，慈祥地看着不远处奔波的北庄人。直至2021年拆除时，河南行桥像老人一样沉沉睡去，去往湿地行走的人再也见不到那只惺忪的眼睛了。

名不符实的冯家村桥

冯家村桥位于北庄村北,通冯家村渔底港,是便于北庄人进入黄桥的一座桥,却得了个"冯家村桥"的名字。

20世纪50年代末的时候,北庄走出了第一批就读于黄桥中学的学生,他们颤颤巍巍地行走于冯家村桥的前身——一座小竹桥上。这座桥所用的竹头购自黄桥竹行,该桥由大队发动村民自建。由此跨越浜斗,再经过一条渠道,转过白卵桥,面见两爿墩,便能抵达黄桥中学。

小竹桥下的浜斗,是北庄村中东塘河生出的一条支流,最终消隐于渔底港,桥架于池岸上,跨越浜斗。河浜狭窄,桥面低矮,由5根茶盏粗的毛竹搭建,缠以草绳,40厘米宽,仅可容一人通行,走上去嘎吱嘎吱地响,即便是这些从北庄大渔村走出的熟知水性的读书娃都不敢贸然前行,过桥时总是看准桥面,手扶竹栏杆,小心翼翼地行走其上。竹栏杆每边一条,架于两边竹桩上。

这座桥地处北庄西北荒郊之地,当时离北庄最北的三家村也有百米之遥,又加上桥边浜底为一死浜斗,水面发绿,杂草丛生,北桥堍下经过池岸,便有一荒墩,所以那些学生基本不敢独行,总是结伴而行。

1970年，于小竹桥处重新建水泥板桥，取名"冯家村桥"，桥面由水泥板搭就，无桥栏，两个墩子为石头所驳，桥洞略呈长方形。冬天冰冻，桥面湿滑，北庄学子提着饭盒由此经过，常常走得提心吊胆，吓出一身大汗。

20世纪八九十年代，北庄村逐步扩展壮大，村落所建房屋北延，经由村北入黄桥的人越来越多，加上老水泥桥破损，便由原址向东推移数米重建冯家村桥。桥南头架在北庄南潮湖、北潮湖中间的池岸上，北头架在两个鱼池的中间池岸上，西面为长鱼池、大渔池嘴角，东面为渔底港鱼池。

桥面铺两块楼板，比普通造农房用的水泥板更宽、更长、更厚，是定制的。桥长19米，宽2.2米。桥堍两侧斜铺水泥板，可通行自行车，中部铺以台阶，供人步行。同时，特意用水泥板加固桥东鱼池，有人便大胆地在池岸上骑自行车来往，直接上下桥面。

北庄村大拆迁后，冯家村桥彻底失去通行功能，于2020年被拆除。

为"渔"而生的三家村桥

北庄以前是个大渔村,其中河东人要跨越东塘河才能到达西部数百个池塘,去从事渔业劳动,一般靠船抵达,或绕道而行。

20世纪80年代初,实行渔业承包制,家家户户倍增养鱼信心,频繁出入池塘,三家村桥便于1985年应运而生。

这是一座专供河东人上池塘养鱼所用的桥,服务于渔业生产。桥梁位于河东北部三家村西侧,桥以村名,故名"三家村桥"。桥面横跨东塘河,东西走向,长12米,宽1.2米。桥埭东头连接村西两个小池塘,北部叫"烂奶奶花子潭",南部叫"宋陆花子潭"。桥埭西头连接池塘片区的一个池塘,叫"北渡鱼池"。

建桥之时,为方便渔事,桥洞设为方形,桥下可通行机帆船等。桥北东侧为一河滩头,是三家村村民为方便生活自行驳建,所经之人多了,这个河滩头出现小小的繁荣,有贩卖生活用品的缸船和煤船、米船、西瓜船停歇于桥北湾塘,也有村内渔船停歇于埠头,夏有渔民在此沐浴。

20世纪90年代,渔民逐步弃渔从工,到村东边的工厂里从事工业劳动,桥梁因此逐渐颓废,桥墩坍塌,桥下仅能通以小船,过船时,人只能弯腰,用手借助桥身才能推行出低矮的桥洞。

2009年，村落西部的池塘浜溇历经重整，成为虎丘湿地北部的三角咀大水域。许多游客慕名跨桥到湿地游览，村民也经桥西进湿地散步，破败的三家村桥承载着来往的步履，摇身变为一座观光桥，但已不堪重负。

安全起见，村部派人加固桥梁，两块水泥桥板铺就的桥面两侧护以桥栏，有半人高，像两面墙壁。东桥堍石驳桥面下斜铺10层台阶，由东向6层处转而向北，经由原河滩废基，再往东折向村内，桥堍西侧也铺以6级台阶。西面大堤上是绵延的绿树，像一堵绿色屏障，倒影入水，水波潋滟，桥影浮动，为三家村桥平添了几分妩媚。

2018年，北庄大拆迁，三家村桥孤守两年后被拆除。

昙花一现的新开河桥

在20世纪60年代初,北庄河东的东侧开挖过一条河道,名叫"新开河",河面开阔,河北通到渔底港,河南通到忤逆湾,是北庄人通往陆慕的一条水上捷径。

忤逆湾曾是一个非常复杂的湾口,以前村民出行,摇船摇得腰酸背痛,因为要反复转向,绕得头昏目眩。村民痛恨这样没有出口的水路,就戏称这个湾口为"忤逆湾"。自从开挖新开河,就不必绕行此湾,直接通行于新开河,但必须有桥连接才能方便陆路出进。

因此,一座长板桥应运而生。因为新开河河面开阔,所以桥梁较长,是在5根长条木梁上横铺小木板建成,桥面宽约2米,能并排通行两人。桥下虽然钉有数根原木桥桩,但仍然不够牢固。人行其上,总是晃悠。一次,有一村民挑着一担螺蛳上苏州城里去卖,由于分量较重,桥面晃荡得厉害,一个趔趄,肩上一担螺蛳左晃右荡,一根绳子经不起折腾突然崩断,扁担一头的螺蛳泻落下来,连同蛇皮袋一同倾入新开河中。村民连忙跃入河中,扎下猛子把蛇皮袋连带螺蛳一起摸起来。从此之后,大家经过此桥都不免步履谨慎。

新开河后来被填平。河与桥都像昙花一现,虽然出现短暂,但方便北庄村民出行,给大家留下了美好记忆。

小桥汇聚鱼池寡

北庄村西部有数百个池塘、数十条小河浜，素来是北庄人养鱼的基地，有着悠久的历史，地形较为复杂，堪比诸葛亮的八卦阵。

20世纪60年代，为方便劳动，在这个鱼池寡上建造了一些简易桥，桥材有的是竹子，有的是木头，有的是水泥砖石。

其中一座桥建于西堰栅之西部，南北走向。西部有一条东西走向的牵龙湾，缘何得此雅名？因为它向周边伸出很多枝丫一样的小水流，酷似潜龙张牙舞爪。桥南头架于6队弯鱼池，北头架于5队朱叶善鱼池。整座小桥凌驾于牵龙湾水面之上。

一座桥建于唐王潞上，桥为东西走向，西桥块架在弯鱼池东南岸，东桥块架于大花面鱼池西岸，为木质小桥，桥上还设有竹扶手，方便渔民去池塘喂食。大花面鱼池属于5队，弯鱼池属于6队。

一座桥建于闸门之上，成为闸门桥。西堰栅和三角咀是北庄西部两个较大的湖泊，在它们的四围分布着大大小小的鱼池，相连一条港道，就在近三角咀的瓶颈口上建了闸门以防汛，闸门两侧为石砌墩子，中间留有门槽，便于灵活开关。如遇水灾，接到上级通知后，便能关闸防涝。村民借闸为桥，解决通路问题，北桥堍架于三角咀东面的顾家池，南桥堍架于三角咀东部的浪打川，两池均属4队。桥面是两块平铺水泥板，桥下可通10吨级机帆船。

最为奇特的桥是建于3队鱼池边的绳索桥，上下两根绳索系于池岸大树上，网头绳粗，堪比小孩臂膀。渔民经行此桥，脚踩下面一条绳索，手拉上面一条绳索，基本只能做横行蟹，一步步向河对岸侧步横移。虽然渔民个个都是通水性的人，河面也不够开阔，但毕竟是在绳索上行进，特别是冬天，总是走得提心吊胆，憋出一身虚汗。有时难免身上背个筐，手里提个篮，或肩上扛个把兜，就犹如走了一段钢丝。

实行渔业承包后，渔民都分配到了自己的鱼池，出出进进就基本靠自己的渔船，这些简易桥也逐渐被风雨剥蚀，最后废弃在鱼池寨。

风雨沧桑话宜桥

宜桥位于黄桥街道原永兴村二组,南北走向,平板石桥,是黄桥百姓去苏州城里办事的必经之路。宜桥在十里八乡特别有名,不仅造型优美,工艺精湛,而且石桥两旁的石头栏柱、栏板也匠心独具。

宜桥有着悠久的历史。据民国《吴县志》记载:"……咸丰十年闰三月,金陵大营溃,总督遁,贼席卷而南。夏四月丁丑,苏州陷。善先受檄主黄土桥团练,集七图义勇三千人,朝夕训练,庀水陆战守具。闻变,严阵以待。明日,贼果至,迎击金巷桥。又明日,贼大掠八字桥,又趋援之。越四日,贼分两路至,一出齐门至宜桥,一出阊门至禅定桥。善率勇千人自当宜桥,遣子安澜率勇数百当禅定桥,先后均有斩获。"

虽然查不到宜桥始建于哪个年代,但这段文字记载告诉人们,在清朝咸丰时期已经有了宜桥。由于交通便捷,宜桥两岸曾经也是商市繁盛,桥上人流如潮,桥边有居民长期居住,河两岸商埠林立,一派繁荣的江南水乡景象。

但战乱把这里毁为荒凉之地。相传,太平军攻打太仓后,遭到清军的反攻,有一支太平军冲出重围,往齐门方向行走,准备回到常熟休整,由于伤病人员较多,行动缓慢,逃至宜桥时,被清军官兵追上,双方展开厮杀,一场血战结束,太平军的尸体横七竖八地躺在桥面上,有些还掉在了河里,街上也是血流成河。残忍的清兵还点火,一瞬间火光冲天,整个村庄陷没在火海之中,来不及逃走的百姓也葬身火海。大火整整烧了一夜,只留下烧焦的宜桥。从此以后,宜桥变得荒无人烟,阴森森的。宜桥周围全是坟墓,人们一提到这个地方,就寒毛凛凛的,特别是夜里不敢轻易走过宜桥。

1997年,因城市化进程的快速发展,宜桥被拆除,在原桥旧址上重新建造了一座长46米、宽18米的大型钢筋水泥石拱桥,取名"永方大桥"。

沧桑巨变,宜桥见证了黄桥从贫穷到小康的变化,以及美丽乡村的变迁,承载历史重任、传承文化遗存,在人们记忆中勾勒出江南水乡小桥流水人家的景象。

记忆里的旺巷浜小木桥

旺巷浜小木桥位于黄桥街道原永兴村旺巷浜自然村,南北走向,跨旺巷浜河浜,以河名、自然村名命名,始建于20世纪40年代,是当地村落的交通要道,也是北庄基的村民去镇上办事的必过之桥。

旺巷浜桥小木桥可谓"弱不禁风",桥身低矮且不说,4根瘦弱的桥桩,托起3节黑不溜秋的木棍拼成的桥身。如果过桥的人肩上稍微担着一些货物,桥身马上晃个不停。在那贫困潦倒的岁月,孩子们独自一人上学,胆战心惊地跨上木桥,一阵风雨袭来,吓得两腿一软,只得乖乖地扑下身子爬行过桥。下雨天,雨水打在木桥上,过往的行人便会抱来稻草,铺垫在木桥上面,防止脚下打滑。时日一长,日晒雨淋的木桥边上便会长出毛茸茸的绿苔。

当时农民经常要摇船上街,船上装了稻柴、稻谷等一些抛货,在木桥下摇过时,撑船人不但自己要弯腰通过,而且还要叫船上人上岸把木桥抬起,船才能通过。

听村庄上的老人说,抗战时,日军下乡"扫荡",烧杀抢掠,无恶不作,不知多少村庄多少人深受其害,为了保护乡亲们的安全,得到日军要来的消息,村庄上的青年人把桥板一掀,桥就没有了,这样日军不能过河,也就骚扰不到村子里的老百姓了。

1958年,因发展的需要,旺巷浜小木桥被拆除,开通沟渠,村路就建在沟渠上,旺巷浜小木桥完成了历史使命。曾经的小木桥,是村庄里的人通向外面精彩世界的通道。如果说那条蜿蜒过村的旺巷浜是村庄的血液,那么那座小木桥无疑是村庄的筋骨,它将永远留存在人们的记忆里。

连接香火的陆家桥

　　黄桥街道原永兴村8组原来有一座平面石板桥，叫"陆家桥"，桥宽约2米、长4.5米，由石条构筑，南北走向，同自然村庄同名。因为桥的西边有座观音庙，人们都说陆家桥连接着香火。

　　陆家桥原本是一座木桥，有着数百年的沧桑历史。据同治《苏州府志》记载，陆家桥的历史最迟可追溯到清朝同治年间。民间对于陆家桥的来历是众说纷纭：一说是古代有位将军路过此地十分想念他的爱妻陆氏，在河边建造了一座观音堂以表达他的怀念之心，并在小河上建起了一座小木桥，以妻子的姓氏命名；还有一说法，当时有6户人家看上了这块风水宝地，在此安居乐业，自发建造观音堂，为了方便香客烧香，合力建桥，木桥建成后取名"陆家桥"。

　　数百年来，观音堂香火不断，陆家桥桥上也是人流不止。据老人回忆，观音堂在陆家桥的西面，离桥只有40米左右。庙宇规模不大，但结构严谨，庙堂为二进大四合院布局，坐北朝南，门前有两尊青石雕刻的大狮子，稳坐在须弥座上，怒目圆睁，十分威严。庙门为二层砖木结构的楼阁，面阔三间，底层中间为过道。庙院的正对面是房屋组成的神殿，中间有房梁连接。殿内的显著位置，供奉着观音菩萨和十八罗汉塑像，塑像雕工精湛，形态各异。因观音堂供奉的正主为观音，故特意择农历二月十九观音的诞生日、六月十九观音成道日、九月十九观音出家日这3个重要时间节点举行隆重的祭祀祈福仪式，以此祈求诸位神灵护佑。初一月半也是非常热闹的。每当此时，观音堂内是香烟缭绕，陆家桥桥上也是热闹非凡，香客穿着新衣来来往往，倒影在湖面的细浪中飘逸，也成了一道优美的风景线。

在"破四旧"运动中，观音堂被拆除，只剩下瓦砾和郁郁葱葱的树木。

20世纪60年代末，以木头、木板构建的陆家桥也被拆除，原址上建起了平板石板桥，由3块石条拼成，桥上农用拖拉机可以通过，桥下机帆船可以驶过。据陆家桥村民讲述，炎热的夏天晚上，人们常在桥上纳凉，桥下河水潺潺流过，桥上微风习习飘动，陆家桥桥面上是当时最好的避暑地方，胆大的人还会在桥面上放一块门板，人睡在板上，十分凉快。一些小孩子在桥上一边乘凉，一边听老年人讲故事，还时不时地仰望着夜幕中的天空深思，凑巧流星在空中划过，纵身跳起，对着天空兴奋地指手画脚。

2006年，随着城市化进程的发展，陆家桥区域整体拆迁，桥、村庄荡然无存，陆家桥只能留在人们的记忆深处。

回味无穷的白龙桥

在黄桥街道原永兴村道士巷自然村与黄桥村濮埂廊自然村交界处，有一座桥叫"白龙桥"，桥下的河被称为"白龙桥河"。

白龙桥桥面由3块宽阔的石条拼接而成，有4根石桩。桥上安装了石栏，桥侧两边中间嵌有大红色的"白龙桥"3字，龙字为大写"龍"字，虽年代较远，字迹模糊，但桥名还是依稀可辨。据民国《吴县志》记载："白龙桥属于金鹅乡金杯里十五都西三图合以下西四图，离城十四里。"

白龙桥始建于何年已无从考证，但白龙桥河在明代《吴中水利全书》中有所记载。这本书是明崇祯九年（1636）刻本，张国维纂辑。张国维（1595—1646），字玉笥。明浙江东阳人。天启二年（1622）进士。顺治二年（1645），因不愿仕清投池而死。崇祯七年（1634），张国维任江苏巡抚，次年，修筑吴江石塘及平望内外塘。其深谙吴地水利利害，尝单舸巡汛，探溯河渠，绘以水图，括以说略，嗣后编成该书，皆记苏州、松江、常州、镇江四府水利。通过该资料，白龙桥最迟可追溯到明朝崇祯八年。

光绪《吴江县续志》记载："……过七里桥入运河，为七里桥港，又西直受仙槎庙泾诸水，由运河东北进大圩港，入庞山湖为庞山港。又运河受白龙桥水，入殷家荡归白蚬江为白龙港，此皆就诸港开通者。茭草路即西水路江震合辖，横贯于东西诸港之中，积淤已久宜开凿深阔，使西受震邑南仁港来水，东入江邑沿塘桥港分泄入运河。"白龙桥河曾经也是交通要道。

白龙桥是黄桥濮埂廊自然村的村民去苏州的必经之路。通往白龙桥的路被称为"步石路"，据说为了方便人们走路，当地的百姓动了不少脑筋，每当有人碰到事情争吵，就到镇上的茶馆店去评理，输的一方，就去通往白龙桥的路上用石条筑几步路，长年累月的，形成了一条石板路，被人们称为"步石路"。

白龙桥两岸都是农田，在历史上屡遭洪水侵袭，农田多次被淹没。1958年，黄桥通电后，大兴水利建设，配合农业灌溉农田。因开垦永兴渠道，白龙桥河被填埋。1975年，由县、公社两级政府统一规划，修建连接苏州市区的道路。1976年冬，永兴渠道被填埋，苏埭公路永兴段初步建成，道路铺设石子。1979年10月1日，形成城乡级公路。1985年，道路陆续铺设为柏油路。1998年夏，铺设混凝土刚性路面。1997年，连接占上接界路，路名"永青路"。

白龙桥河被永兴渠道筑断的同时，往北十多米的白龙桥因没利用价值也被拆除，化为平地，整成农业用地。1991年，在这块地上建造了黄桥中心小学标准校舍。1992年，黄桥中心小学迁入新校址。1997年11月，学校通过江苏省教委专家组验收，被评定为江苏省重点小学，并被命名为"江苏省黄桥实验小学"。

白龙桥是一座古桥，蕴含着厚重的文化内涵。虽说经过沧桑巨变，白龙桥已荡然无存，但她像一首诗，见证着时代的发展，让人回味无穷。

身兼界碑的杨木桥

黄桥开挖朝阳河以前,有一条逶迤小河从西沿河汇入芜荡河,又从芜荡河经玉成桥、旺天师桥(属陆慕)注入元和塘,横贯黄桥与陆慕,此河便是朝阳河的前身。河上除了玉成桥、旺天师桥、绍兴桥等古桥外,在濮埂廊还有一座三孔桥,叫作"杨木桥",沟通濮埂廊与旺埂廊的村间小道。

杨木桥年代久远,建于何时已无可查证。此桥是原黄桥大队与旺更大队的界桥,也是当地村民上黄桥街、往返小河南北的必经通道。

据王培基、陈留根等村人口述,杨木桥北的田地是黄桥境内的制高点,老辈人称其为"三上头田",意思是溉田要三级车水,早年田中具备分级水沟与存水潭,如此逐级车水的费力,可见种好这里的田是何等的不易。

又说原本田中坟墩较多,什么上垟墩、谷芒坟,不胜枚举,其中"吊煞人坟"树木蔽天,阴森诡谲,胆小之人夜间路过无不毛骨悚然。听闻讲述,仿佛回到了从前,过去的乡村田野何尝不是如此?

不久,黄桥公社大举河道疏浚工程,利用大部分老河道进行拓宽、挖深、裁直，开成朝阳河，从而保证泄洪排水畅通无阻，杨木桥也消失在历史光影中。

随后，朝阳河上新建起多座砖石撑环桥（拱形桥），其中原杨木桥方位及现在的永方路、苏垛路等位置，姊妹朝阳桥亭亭玉立。

因桥名河的薛家桥

桥是连接河道两岸的通途，通常都是桥以河为名，但在方浜与旺更交界处，却有一条因桥而得名的小河。

这条小河叫作"薛家桥港"，河上原有一座古石桥，名叫"薛家桥"。桥南一个三五户人家的小村落也叫"薛家桥"，但是村上并无薛姓人家，居住的是黄姓之族。据村人口述，20世纪40年代，薛家桥还在，不久后就坍塌损毁了。

薛家桥虽然不复存在了，但桥下的河依然流淌。薛家桥港东通芜荡河，西接西堰河，河道曲折蜿蜒，时而阔波荡漾，时而曲径通幽。河道两边分支出东庄浜、杨四浜、牛车浜、陆埂浜、流动浜等浜溇。中部与窑上港呈"T"字形衔接，河汊处小泊豁然开朗，泊中出水垛田独成孤岛，好一处自然和美的水乡沃土。

有河就得架桥。后来，当地人在古桥西边不远处搭建了一座小木桥，连接南北通道。那里也有一个三五家的小村落，村名就叫"小木桥"。

20世纪60年代，当时的方浜大队在古桥废墟旁建起了一座水渠桥，用来灌溉千亩粮田。这座水渠桥一桥两用，但不再叫"薛家桥"了。

薛家桥的名字没有了，但留给了人们无穷遐想和绵绵乡愁。从那老地名来看，薛家是主角，可以推测，当年的薛家应该有些来头。可是附近各村竟然并无姓薛的乡绅世家的痕迹可循。

那么河北岸的大家浜自然村，是不是薛家大户所在地呢？而且村外原有一个无主大荒墩，会不会就是薛家的祖坟呢？可是此墩并非古墓。多方打听，此地并无薛家的活动轨迹和只言片语的传闻信息，似乎与那乡绅薛家毫无瓜葛。

更令人疑惑的是，在数千米以外的朱家坝西域，也有一处叫作"薛家溇"的小荡泊，而朱家坝村内和邻近村庄也无人姓薛。既无薛姓，何来"薛家溇"之名？这真是匪夷所思。

世事沉浮，宛若流云。看来曾经的薛家何尝不是一时过客，难逃烟消云散的归宿，只能是"雁过留声，人过留名"，依托老地名留下一丝踪迹。

如今，曾经的薛家桥周围已是道路如网格，楼群崛地起，相城区康复医院（黄桥医院）和一些企业坐落在这里，薛家桥成了渔乡黄桥的一方热土。

牛车浜上的东浜桥

在苏埭路东浜地段,一座东浜桥横跨浜上,那是旺更工业区的主干道桥,承担着重要的交通运输任务。此桥是这里建立工业区后建造的车道桥,虽不到30年桥龄,但是少年老历。短短20多年光景,它见证工业区的兴起,经历大动迁的颠覆性变革,又面临安置楼群崛起,仿佛人生经历过了三十年河东、三十年河西的沧桑。

此地的河浜与村落本来都叫"牛车浜",民国十七年(1928)曾置牛车浜乡。大集体时期,因其西边有条西浜,原旺更大队在划分生产队时分为东浜、西浜两个生产队,从此该浜与村巷均称"东浜"。

其实牛车浜之名也是演变而来的,它最早的浜名是"油车浜",这就需追溯到古代。相传很久以前,这里有家油车作坊,经营为四邻八村的农家榨菜籽油、大豆油等业务,想必空气中弥漫着浓浓的油香味,在地方上名声甚大,连浜也叫作"油车浜"了。

若干年后,作坊大难临头,一场大火将全部家当付之一炬,留下一片废墟。于是东家全家搬离伤心之地,从此迁居他乡,杳无音信,连姓甚名谁也不得而知,唯有那块"火烧场",留下了古老的印迹。后来,因为浜上有牛盘水车棚,人们就改称其为"牛车浜"了。

窑廊桥的"窑"来"窑"去

窑廊桥,原位于荷馨苑社区与黄桥农贸市场之间的窑廊港上。那是一座20世纪60年代修建的水泥桥,它的前身是一座岌岌可危的旧木桥。据传,木桥之前是古石桥,那古石桥早已湮没于尘埃,不知其详了。

桥西边原是北窑、南窑两个自然村。此地的桥、河、村都带"窑"字,无疑与窑相关。原来此地是古代砖瓦窑所在地。一座叫作"南窑",一座叫作"北窑"。这里的窑名一直保留下来,未曾改变,直至近年动迁后,两个老村不复存在,其名渐渐淡去。

如今此地荷馨苑社区高楼林立,一片华丽景象。社区南北各有旺盛桥、荷馨桥建于窑廊港上,两桥替代了窑廊桥后,老桥就失去了存在的意义。此桥于2015年后拆除,从此消失了身影。

窑廊桥不复存在了,但其中那个"窑"字深藏玄机,大有文章。据当地老人回忆,很久以前,两座古窑甚是鼎盛,附近民房的砖瓦均由此窑而出,可想而知,古窑该有多少年代了。

窑畔一条南北走向的河道主要是用来运砖瓦的,因此叫作"窑廊港"。可以想象,古代此地窑桥相映,窑场上制砖作瓦,桥上桥下,挑夫和船只穿梭来往,那两座古窑无疑是当地的地标。

据传，当时的窑主人与陆慕地区的御窑还是同一路人，南北窑的生意与御窑是互通的，后来窑主人和窑工都去了御窑。还有"先有南北窑，后有御窑"的说法，甚至还有"御窑的主人就是此窑的主人"一说。

其实南北窑与御窑相隔不远，一切皆有可能，看来南北窑的历史渊源非同一般，或许它不是消亡，而是更辉煌地发展，它的历史价值真不可小觑。

如今，窑廊港依然在那里流淌，但港上的桥梁已经变成了公路桥，桥名中也找不到"窑"字的踪影了。

传说迷离的绍兴桥

绍兴桥似乎被世人遗忘了,它湮没在尘埃里已有半个多世纪了。在开挖朝阳河之前,它是黄桥境内独一无二的古代环龙桥,可惜这座古桥未能保存下来。

此桥位于原旺更的杨木桥港(朝阳河的前身)与芜荡河的接口处。我年轻时曾经多次船过此桥,清晰记得桥正上方石块上镌刻着"绍兴桥"三字,桥洞两边的条石柱上刻有楹联文字,联文已然模糊。

那时的绍兴桥石缝中稀稀拉拉地挂着一些野草和荆藤,桥体骑跨于河上。一孔半圆形桥洞下,水流湍急,逆水行舟颇费力气。

此桥始建于何朝何代,无人能详。观其形态和文字,应该年代久远,有着厚重的历史。

奇怪的是,虎丘山北的黄桥地域,桥上竟然刻上"绍兴"两字,里面有何奥秘呢?相传,很久以前,旺更的翻扒墩一带人气兴旺,商贾云集,聚居着不少乡绅大户,其中就有绍兴商贾定居于此,还有比较兴隆的街市。

据说,当时居住在此的绍兴富户乐善好施,为方便乡民出行,出资修建了该桥。人们为了纪念其美德,将桥命名为"绍兴桥"。

更令人奇怪的是,桥上明明刻的是"绍兴桥",而附近村人各有不同的叫法,方浜以北各村普遍称其为"造生桥",附近村人大多叫它为"桥声桥",呼其正名者反而寥寥无几,里面究竟有何蹊跷?不得不从有关传说说起。

相传该桥在造桥打桩伊始,就发生了怪异之事,任凭工匠们百般努力,就是打不下桥桩。人们一筹莫展之际,少不了占卜问卦,烧纸求神地闹腾。有巫师说是有妖孽作祟,并授予了破解之法。

正在作法打桩之际,一只老鸭精骗来一位书生现场看热闹,恰逢工匠们下锤打桩,一锤下去,那书生一头栽下河去,一命呜呼。书生丧命后,桥桩就轻松打下去了,桥也顺利建成。这也许就是"造生桥"之名的由来吧。

又说,在月黑风高、阴雨如晦的夜半,桥体冷不丁传出"噢愣来格"的喊冤声,那叫声阴森凄凉,拖声拉调如鬼哭狼嚎,令闻者毛骨悚然。于是当地村人请来僧道作法,并迁怒于鸭子,将一只无辜的鸭子沉入桥旁河底。人们把"绍兴桥"谐音为"桥声桥",大概由此而来吧。

绍兴桥的传说,还催生了一些民间习俗。从前,凡是邻近造桥的村坊,各家各户均要在门楣上插挂一面小红旗,以示压邪祛晦。小孩的上衣上,都要在衣袖或胸前缝上一枚红布小沙包,名为"祛邪袋",要求孩童远离造桥处,并忌讳去那里游玩观望。另外,从前凡有落水溺亡者,都要在出事河边做一场叫作"召"的道场法事,并要沉一只鸭子于河中,意为以它来替换亡灵上岸。

飞越桥的前世今生

飞越桥,位于黄桥街道方浜村七组,为一座砖混水泥桥,宽1.92米,长15.2米。周围河网密布,桥梁东西走向,横跨西沿河上,两边有依稀可辨的"飞越桥"三字桥名。

飞越桥始建于20世纪40年代末,原名"西沿河桥",以河名命名。相传,古时候有位仙人腾云驾雾来到此地,在空中停留休息,往下一望,只见湖光山色,渔歌唱晚,一派好风景。仙人想,人间还有这么幽静的地方,我就在这里安居乐业吧,便在空中安顿下来,等待夜幕的降临。半夜,月光照在波光粼粼的湖面上,仙人伸了一下懒腰,准备降落人间,心中充满了对美好生活的向往。她往下一看,湖面停泊着一只网船,船上走出来一个妇女,拎着马桶倒入湖中,仙人大惊失色,这样清澈的湖水被污染了,不能食用此水了,只能重新择地迁移,只听得轰隆一声巨响,仙人继续前行,降落到了一个仙境,形成了杭州西湖。后人把此河取名"西沿河"。20世纪70年代,西沿河桥改名"飞越桥",意在希望百姓生活越来越好。

新中国成立前,西沿河两岸是芦苇丛生的鱼池弄,渔民以摇船过河。抗战时期,在西沿河往东千把米的方浜村六组有个茶馆，是武工队经常秘密开会的地方，每次碰到险情，武工队队员就会上船紧急撤离到西沿河对岸的周渔墩上。

为了解决吃粮问题，西沿河对岸有了淤田，分为南圩、中圩和北圩。为了方便农民种田，就设置了摆渡船，这个摆渡船的设施相当简陋，比菱桶大一点，舱底平整，约可载三人。它不分船头、船尾，两端各钉一个铁环，环上结着以麻或棕制成的绳索，绳索长度超过河浜的宽度。绳索的另一头系在河岸的木桩上，人抓住系在木桩上的绳索，挹啊挹，船就靠岸了。人跳上船，到船的另一端，抓起铁环上的绳索，再挹啊挹，船儿就乖乖地朝对岸游去了，唯一不便的就是不能挑担过河。

新中国成立后，人民当家作主，西沿河两岸当时的鱼池弄上有很多的大树，人们就想到了用树造桥，将树桩钉在湖底，造了3个桥门洞，桥面用草绳将毛竹板固定，扶手用草绳将毛竹条固定。建成的小木桥比摆渡船方便多了，但是要是有几个人一起过桥的话，桥身总是一晃一晃的，还会发出吱吱格格的响声。

到了20世纪70年代初，小木桥被拆掉了，方浜大队邀请张庄村的造桥老师傅章根林，花了2年的时间，建成了一座砖混水泥桥，农用拖拉机可以从桥上驶过，来往的人可以从桥上并肩走过，桥的两边装有结实的护栏，再也不用担心从桥上掉下去了。

飞越桥经历了80多年的岁月沧桑，斑驳的石料隐约折射出岁月的风霜，它依然横跨西沿河的河岸，见证着时代的前进、经济的发展。老桥对一个区域而言，就像古董之于有文化的家庭，结合绿地景观、设施建设等适度保留一点老桥，不但可以给当地村民留下一点乡愁，也可以弘扬中华优秀传统文化。

三次"变身"的流动浜桥

流动浜桥，位于黄桥街道方浜村与原旺更交界处的苏埭路上，桥梁基本呈南北走向。桥梁跨径为5米，上部结构为预制混凝土板梁，桥面总宽15米，下部结构为混凝土重力式桥台。

流动浜桥，又名"刘桐浜桥"，以民国《吴县志》记载的属地地名"刘桐浜"命名，始建于20世纪60年代，一开始是座木桥，由两块木头用马钉钉在一起架在河上，也被称为"独木桥"，桥面窄，行走困难。因桥身低，小船运送东西要通过时，撑船人不但自己要弯腰通过，还要让人把木桥的一头用肩膀抬起，船和货物才能通过。

听当时读5年级的一位村民讲了一件趣事。那是1960年，早上他带着父母给他准备的午饭去上学，但跑到流动浜桥时不敢上独木桥，便把饭吃了逃学到同学家里玩。傍晚回家，父母以为是放学回来了，后来学习跟不上，直接留了一级。

下雨天，桥上会长出毛茸茸的绿苔，让人脚下打滑。据说有一年夏天，有个过桥的孩子落水，家里人找了两天两夜，才找到孩子的尸体。

20世纪80年代初，随着时代的前进、社会的发展，苏埭路开通,沟渠和独木桥都被淘汰,以钢筋混凝土桥代之。那时,人们生活还不富裕,汽车很少,自行车川流不息,到了夏天的晚上,宽阔的河面上凉风习习,桥上挤满了乘凉的人,女人们拉拉家常,男人们谈谈今年谁家的庄稼收成好,说说花边新闻,手里的蒲扇不停地扇着,几个白天干活累了的人,已经在打呼了,完完全全是一幅其乐融融的仲夏纳凉图。

流动浜桥成了交通要道,是苏埭路的组成部分,改善了流动浜桥以北地区人们的出行,给他们的工作、生活和学习带来了便利,让大家对美好生活充满了向往。

2018年,桥面破损,铰缝松动脱落,导致桥面铺装出现纵向裂缝,有关部门便着手对桥梁进行改造:拆除上部板梁,保留桥台,利用桥台作为围堰,在两侧桥台之间采用4米×4米的钢筋砼箱涵,全宽15米;工程所在地地质较差,地下有一层5米—6米厚的淤泥,新建箱涵底需做地基处理,采用30厘米×30厘米预制方桩;箱涵设置人行道,在人行道内设置预埋管线通道,故采用断面(2米人行道+11米行车道+2米人行道);箱涵板底高程按3.1米控制,桥梁根据相关规范,满足设计时速40公里/小时要求,按最小坡长110米对箱涵进行拉坡,使箱涵改造后两侧接坡路段抬高较大,最高处抬51厘米。

当年,流动浜桥改造完工,开始更好地发挥交通要道作用。

方浜第一桥——小木桥

小木桥,位于黄桥街道方浜村一组大家浜与原旺更交界处的陆巷港上,长约4.2米,宽约2.3米,由两块木板搭建而成,没有钉子固定,桥板一掀就没有桥了,是方浜村的第一座桥。

小木桥具体始建于何时已不可考,民国《吴县志》有载,小木桥属于金鹅乡金杯里上十四都二十二图,这个地方离城二十七里。

小木桥自始至终是一座小木桥,结构从未改变过,民间俗称"小木桥",与村落同名。据说,方浜村四组的陆埂自然村的祖先从江北千里迢迢来到小木桥地区与3户同姓陆的人家安家落户,一条湖泊被称为"陆巷港",小木桥横跨陆巷港。由于人口稀少、村落荒疏,经常惨遭地痞恶霸的侵袭、强盗的抢劫,人身安全得不到保障。陆埂的先人只能往北迁移到了小俞埂田埂的对面,从此与小俞埂相邻而居并繁衍生息。

民间还流传着这样一个故事。清朝乾隆年间,黄桥方浜村河西自然村有一渔业大户姓陈,家境富有,拥有大小鱼池30多亩,也因此得罪了好多人。当时方浜人去苏州城里或黄桥街上,小木桥是必经之地。每当陈家人去黄桥或苏州城里路过小木桥时,总会受到欺侮。陈家无奈，就拿出白银一千两让陈家子孙陈老洪去拜师学武，以保安全。陈老洪去了龙虎山拜师学艺，学了好久后背着师父偷偷下山，跑到陆墓中桥，看到方浜的一只捞草船，船上人问他是否要搭船。话未说完，他却已从水面上漂向船艄，惊得众人面面相觑。回到家里后，陈老洪和往常一样靠养鱼为生。一天，他跟陈家人一起到苏州城里去卖鱼，在小木桥上又碰到3个强盗抢劫，陈老洪只用了两招便把3个强盗打跑了。乾隆皇帝南巡时听人说陈老洪的武术不同凡响，于是传下圣旨要陈老洪当他的贴身保镖。陈老洪晓得伴君如伴虎，急出了一场大病，待人奉旨前来邀请他时，陈老洪已病入膏肓。

小木桥历经沧桑，见证了时代的风云变幻。据村民讲述，清朝年间，小木桥旁有一家姓王的人家，是皇差，专门给京城的皇族做差事，送丝绸、送茶叶，每次装载货物穿过小木桥时，浩浩荡荡，风光无限，也为小木桥增光添彩。王家由此家境殷实，房屋是封火山墙，连强盗也望洋兴叹。王家后人因吸食鸦片，家道从此败落，一贫如洗。

1964年，旺更建立排灌站，因与方浜相邻，沟渠要连接相通来配合农业灌溉。1965年，因开通沟渠，拆除小木桥，填平陆巷港，人们开始走渠道去苏州城里或黄桥街上了。1995年，黄桥镇政府和县交通局协商，填埋沟渠，开辟永方路路基。1999年，永方路铺设混凝土刚性路面，正式全面通车。2014年9月，苏州市发改委下发了《关于永方路道路工程项目建议书的批复》。2017年，永方路改造拓宽，成柏油路，道路红线宽度40米，双向六车道。

"不知其名"庄家尖桥

庄家尖桥,位于黄桥街道方浜村九组庄家尖鱼池弄,是一座砖混水泥桥,宽2.64米,长11.8米,桥梁东西走向,横跨庄家尖河岸。桥的周围河网密布,芦苇丛生,鱼塘成片,村民靠养鱼为生。

庄家尖又名"庄家墩",同治《苏州府志》记载,庄家墩属于金鹅乡金杯里上十四都二十二图。由此可以说明庄家尖的地名最迟可追溯到清朝同治年间。据说,庄家尖原是一个村落,同邻近的虾墩浜一起因一场瘟疫而消失,多年以后,人们还能在瓦砾堆里捡到金戒指。

庄家尖桥以河名、村落名取名。新中国成立前,此地没有桥,因为地处鱼池弄,村民靠船出入。新中国成立后,为了方便养鱼人出入,就在庄家尖河上搭了一座简陋的木桥,是用一块一块小木板拼接起来的。当时,桥没有名字,由于桥面窄,靠桥在水中竖了一根竹篙,方便行人撑着竹篙过桥。

1976年,各生产队的鱼池归大队统一管理,方浜成立了渔业专业队,办公地点设在庄家尖河西对岸的鱼池弄中。根据渔业发展的需要,1977年在小木桥的旧址上建造了一座砖石混合桥。负责建桥的工头叫章阿福,帮忙做小工的都是从各个生产队抽调来的，全大队100多名壮年劳力一起挖基、砌墩、架拱，用时1年多建造完工。在桥的取名上费了一点波折，有人提议叫"造反桥"，大多数人认为不妥。又有人提议加两个字叫"革命造反桥"，虽没人站出来反对，但是，这个桥名没留传下来。民间一度称之为"生产桥"，这符合当时的时代背景。后来，因村民习惯了庄家尖的名字，就称之为"庄家尖桥"了。

庄家尖桥因地处鱼池弄，设计桥梁的设计师也是有先见之明的：桥梁高耸，离水面约有4米之高，适合村民捞水草过河。

1986年5月，庄家尖桥发生了一件大事。为纪念日中友好条约缔结10周年，日本广播协会和中国电视剧制作中心合作拍摄6集的电视连续剧《不知其名》。电视剧讲述了辛亥革命后，一些同情中国革命的日本青年和留日的中国青年，一同来到中国，为反对北洋军阀的统治，建立革命政府而浴血奋战的故事。该剧先后到北京、石家庄、苏州等地拍摄外景。

那个时期，庄家尖桥虽然破旧不堪，但乡土味很重，原汁原味，不经修饰，有些残缺美和陈旧感，这些情景的交融特别能勾起乡愁，引发了艺术家的兴趣，所以影视摄制组特意来到庄家尖桥取景。在拍摄的日子里，黄桥居民几乎全家出动，拍摄现场人山人海，河两岸到处挤满了看热闹的人群，人们既满足了好奇心，也增长了不少见识。

2017年10月，随着苏州市相城区城西污水处理厂的开工建设，庄家尖桥结束了使命，虽消失在人们的视野中，但停留在人们的记忆里，保存在《不知其名》的镜头里。

翻身桥"翻身"记

朱家坝荷叶堰上有一座翻身桥,从木桥到水泥桥,再到现在的公路桥,一篇"翻身记"记录着渔乡的巨变。

早年的朱家坝,浜溇纷杂穿插,鱼塘群结片连,农田水隔陆离。周边黄埭塘、风锹泾、南横河等大河上均无大桥,小河南村前的南横河摆渡船,渡过了不知多少代的过往的人。村内临渡泾两岸的长村子和河南巷隔岸相望,人们往来非船不可。村北的黄埭塘上更是连渡船也难觅一条,村人要去塘北田(黄埭塘北岸)干活,无船就是"隔河千里难"。

苏州解放后,朱家坝人在荷叶堰的狭窄处修建了一座高大木桥,取名"翻身桥"。通桥那天,村民们抑制不住"翻身"的兴奋,用松柏枝条在桥塊扎了一座披锦戴彩的松柏牌楼,兴高采烈地庆贺新生活。

20世纪60年代末,朱家坝在南横河摆渡口新建了一座桥桩型水泥大桥,取名"立新桥"。其间,车塘溇拱形桥、风锹泾水闸桥和其他村桥相继落成,翻身桥也改建为桥桩型水泥桥。

翻身桥的变化没有停止。不久,翻身桥拓宽改造成可推行人力车的桥。20世纪90年代,随着道路交通的日新月异,翻身桥、立新桥及郑仙桥等村桥由步行桥改为了公路桥。

  翻身桥的变迁,也体现了朱家坝的变迁。如今,翻身桥依然静卧在那,与邻近的荷塘大铁桥形成了鲜明的对比。

"红色"簖口桥

黄桥有个村庄叫"郑仙庄"。相传在明代,郑氏先祖从河南荥阳迁徙至此,在河荡纵横、芦苇遍野的湿地谋生,先以养鸭捕鱼讨生活,然后在一荷花潭边定居,挖塘造田,从事渔耕,遂成最早的老屋廊。

郑仙庄河浜成网,鱼塘连片,村庄分成河东、河西。这样的地势就必会有很多的桥,其中,一座簖口桥最为引人注目。

簖口桥是一座年代久远的老木桥,位于郑仙庄村前的南横河上,是整条南横河上唯一的大木桥。这座三穿头桥由桥桩和粗木桁梁组成,梁上铺设横条木板成桥面,并装有栏杆。桥下水流湍急,因设有鱼簖栅栏,人们就把这座桥称为"簖口桥"。

簖口桥的两边均是大鱼塘,村前鱼塘占据了大半条南横河,阔水荡漾的河面在此陡然变得狭窄。桥体架在两岸横向塘堤上,故而两边桥塊均砌有双向石台阶,上得石平台才可上桥。不对直路的桥,只有在鱼池弄中才有,簖口桥就是这样的桥。

簖口桥也是一座"红色"的桥。抗日战争时期,一支由曹建平(当时化名"陈泽万")为区委书记、华阳为队长的新四军游击队,转战于郑仙庄、方家浜、朱家坝、生田村一带。簖口桥是通往外界的唯一通道，也是新四军不断往返出击的必经之桥。战士们出生入死打击日寇，留下了许多红色印记。日伪军也不闲着，不时下乡进行"扫荡"。为阻碍日寇汽艇和匪船通行，村民们在桥下簖口处顶桩筑栅，实行闭关锁口，日夜有人值守。

新中国成立后，朱家坝人通过这座桥上黄桥街，学生上学也从这座桥上通过。如今，簖口桥终因朽毁报废，留给人们的只有那段悠久的历史和红色记忆。

摆渡口上的立新桥

　　新联村南横河摆渡口有座立新桥，是这里的村民出行告别渡船的标志。

　　南横河横淌在朱家坝村南，十来户小村宅倚河而建。此村一名"小河南"，二叫"宅基头"，再称"摆渡口"。在漫长的岁月里，这里一直是村人进出的渡口，因而"摆渡口"之名最为出名，摆渡船便是此地的标配，长驻尘世。

　　20世纪60年代中叶，朱坝大队在这里修建了一座桥桩式三孔水泥桥，取名"立新桥"，烙上了"破旧立新"的年代印记。此桥宽约1米，跨度约40米，桥梁坚固结实，安有护栏扶手。立新桥的落成，使清波荡漾的这里平添一道景色，从此摆渡船退出历史舞台，但"摆渡口"的地名久久未变。

　　数年后，朱坝与郑仙合并为新联。由于农业机械化发展的需要，大队对立新桥进行拓宽加固，除去台阶。改造后，立新桥上可以通行手扶拖拉机与自行车。

　　改革开放后的一二十年间，村民逐渐富裕起来，二层民楼像雨后春笋般建起，一门一闼的旧房子逐渐消失，低矮陈旧的老村巷彻底改变，桥南也冒出了丁家圩新村巷，桥两岸生机盎然。

进入21世纪,汽车进村势不可挡,于是村内道路铺设与桥梁升级同步进行,立新桥升级为行车桥,村民迈进了汽车出行的新时代。

一举两得的闸门桥

在新联村的历史上曾经有过几座闸门桥，不光承担开闸闭闸的功能，还是过河捷径，一举两得。

1962年，特大洪灾侵袭黄桥。翌年冬春，黄桥大张旗鼓兴修水利，重点修筑防洪大堤及水闸，确保圩内旱涝保收，许多闸门桥由此应运而生。

当年，黄桥人在朱坝大溇口与黄埭塘接口点建设了一座套闸（双闸门）。从此，本来无桥的大溇，一下子添了两座水泥闸门桥。此闸恰在荡湾处，两座闸门桥正好一桥通东西，一桥连南北。

20世纪70年代，新联又在风锵泾河口新建了一座大型套闸，闸门桥改写了风锵泾上千年无桥的历史。

如今，太阳路横贯此闸，河上现代桥梁宽敞平坦，又有黄埭塘大桥跨越南北，一切今非昔比，一片万象更新的景象。

承载厚重历史的青龙桥

青龙桥，位于黄桥街道张庄村与蠡口龙道浜黄蠡路段交界处，结构为砖混水泥平桥，桥梁东西走向，横跨在北接黄埭塘、南接平门塘的东荡河上。

张家庄又名"张庄"，民国《吴县志》有载，张家庄属于金鹅乡金杯里上十四都二十一图。金杯里上十四都二十一图离城十七里。在历史上，张家庄曾经属于蠡口管辖。同治《苏州府志》有载，陈孝子庙在蠡口张家庄，明弘治十二年（1499）建。孝子名兴立，宋初农人，母嗜临顿路糕，每日徒跣往买。隆庆二年（1568），知府吴善言重修，今废弃。观音堂壁有邵宝题诗、石刻。明，郭谏臣重修陈孝子祠堂记。隆庆二年冬，予时备员铨署与同列入省计事。

有史志记载，20世纪80年代，江苏吴县文物管理委员会在文物普查中，在陈孝子祠堂废址上发现一块《宋陈孝子祠堂之碑》。该碑汇集著名书画家沈周、文学家邵宝、名臣吴一鹏手迹于一石，具有较高的艺术价值和文物价值。《宋陈孝子祠堂之碑》，青石质，高167厘米、宽71厘米，圆首。碑额阴刻篆文"宋陈孝子祠堂之碑"8字。可以说明张家庄的地名最迟可追溯到宋朝。

青龙桥始建于何年，今已无从考证。据张庄村今年已92岁高龄的老书记、全国劳动模范姚根林回忆，他小时候跟着大人去蠡口街上，这桥是必经之路，桥的整体十分的壮观，木头结构，长约15米，宽约4米，桥面有木栏杆，桥侧两边中间嵌有"青龙桥"三字，虽年代较远，字迹模糊，但桥名还依稀可辨。

据张家庄老人回忆，古时候的青龙桥是由好心人捐资建造而成的。区域内有龙道浜青龙庙，地名都跟龙有着关联，给人留下一种神秘感，缘由已无从考证。

民间相传，春秋时期的越国大夫范蠡在帮助越王勾践打败吴国后，被尊为大夫、上将军，是朝廷的高官。但他知道勾践的为人，只能共患难，不能同富贵，于是他毅然离开官场，与西施身穿平民服装，化装成一对贫贱夫妻，混出齐门，乘舟隐居青龙桥一带。范蠡见此地水网交错，河面开阔，就养起鱼来。他对养鱼很有研究，精心饲养，凭着自己的养鱼经验，精心完成了一部著作《养鱼经》，全文虽仅有343字，却是发展淡水养鱼的重要著作，对中国养鱼业的发展起到了很大的作用。当地有民谣云："种竹养鱼千倍利，要谢西施与范蠡。"

值得一提的是，古籍上有很多关于此桥的记载。宋时，张家庄青龙桥畔出过一个鼎鼎有名的孝子，名叫陈兴立，他为了爱吃糕点、双目失明的母亲，每天赤着脚赶到苏州城里的临顿路，买糕给母亲吃。他的孝行闻名乡里，传到了京城，弘治皇帝也知道了这个故事，当地官府于弘治十二年（1499）为陈孝子建立祠堂，面阔八间，进深二间，俗称"太保堂"，还竖立了《宋陈孝子祠堂之碑》。清代以后，祠堂改作观音堂，石碑尚在壁间。在20世纪80年代，江苏吴县文物管理委员会在文物普查中发现此碑，将其移至吴县文管会，作为文物保存。

1966年后，大兴水利建设，在青龙桥往南10来米的河道上建造套闸一座，原青龙桥废弃。1975年，由县、公社地两级政府统一规划，建造连接苏州市区的道路，黄蠡路张庄段初步建成，道路铺设为石子路。1978年，套闸报废，重新修建青龙桥，结构为砖混水泥平桥。1997年夏，铺设混凝土刚性路面，重建青龙桥，并于1999年完工通车。2020年，随着城市化发展的需要，经上级有关部门同意，青龙桥改造建成，顺利通车。路线名称为"方龙线"，桥型为空心板梁，管理单位为黄桥街道规划建设管理局。

随着城市化的进展，青龙桥已属于城区的繁华地段，它承载着厚重的历史，见证着新时代的继往开来。

见证张庄发展的北巷桥

北巷桥,位于黄桥街道张庄村北巷自然村,桥的南面是张庄村沈巷自然村,桥横跨在村后河的两岸。北巷桥为石拱桥,连桥堍长约18米,宽约4米。桥以北巷自然村命名。

北巷桥始建于20世纪60年代,桥面结构为木板桥,桥面由6根木梁拼接而成,一侧木栏杆,4个木桥柱,非常的结实,在当时算得上是当地出类拔萃的木桥了。

北巷桥的建造,有着时代的气息。当时正值全国农业学大寨,在"誓将山河重安排,敢教日月换新天"的感召下,张庄村兴修水利,建桥铺路,陆续建设了村前路、村后河,并考虑到北巷、沈巷的村民隔河相望交通不便的实际情况,在村后河址修建了一座木板桥,取名"北巷桥"。

20世纪80年代,改革的春风吹遍了大江南北,新兴企业如雨后春笋般开办,为了加快新农村建设步伐,张庄村重新建造北巷桥,以六万元的价款承包给施工单位。北巷桥桥梁结构为砖石混凝土拱桥,石头采用阳山金山石,这种石头具有晶粒细密、质地坚硬、色泽古雅,且不易风化、耐酸耐腐蚀、抗压力强等特点,也提升了北巷桥的名气。

北巷桥见证了张庄的发展,张庄村地势平坦,水系畅通,是典型的江南鱼米之乡,历来以农业、渔业生产为主,种植、养殖业历史悠久。张庄的村民曾经也饱尝贫穷和落后之苦,江苏省作协原主席范小青和她父亲合写的长篇报告文学《虎丘山后一渔村》里写道:"沿着虎丘山脚向东,汽车颠簸着开向张庄。是的,去往张庄的路是不平坦的,正如张庄这许多年走过的道路一样不平坦……"

20世纪90年代初,张庄村成了全国闻名的养鱼先进单位,农、渔、工三业协调发展,闯出了一条"农业安家、渔业起家、工业发家"的新路子,成为当时远近闻名的富裕村、幸福村。

2018年6月,随着苏州城市化的进程,张庄村整体拆迁,但是北巷桥依然坚守着不变的情怀,留着那一份从容的乡愁。

板桥港上的孪生桥

张庄村板桥港上有两座横跨南北的孪生桥,一座叫作"东板桥",位于张庄村徐浜自然村稻田岸与蠡口费家浜的交界处,桥梁结构为砖石水泥平板桥;一座叫作"西板桥",位于张庄村板桥自然村与蠡口姚祥村的交界处,桥梁结构为砖石水泥平板桥。

20世纪90年代前,东板桥与西板桥都是木板桥,始建于何年已无从考证。据民国《吴县志》载,东板桥与西板桥属于金鹅乡金杯里上十四都二十一图。金杯里上十四都二十一图离城十七里。可以说明东板桥与西板桥始建最迟可追溯到民国时期。

旧时,东板桥与西板桥虽说是简陋的村坊小板桥,可名声不小,四邻乡民将东板桥与西板桥总称为"板桥头"。这可能跟河道板桥港有着一定的关联。板桥头之所以颇有名气,与东板桥、西板桥的匠人有一定的关系。

东板桥与西板桥在历史上匠人辈出,而且手艺高超。坊间有"板桥头匠人——夜来忙"的说法,等同于"长洲的小猪——提出仔算"等俗语,被乡民列入说人喻事的歇后语。此语不知是褒义还是贬义,似乎又是句玩笑话,俗语的流传自然提高了板桥头的知名度。板桥头的匠人师傅都是好样的,他们干活特别卖力,历代乡民都愿意请他们来干活。

西板桥于2003年拆除。2018年6月,随着苏州的城市化进程,张庄村整体拆迁,但东板桥依然坚守在张庄村的一角,留住了一份乡愁。

小庙桥与老风俗

生田村后泾港上有一座小庙桥，石阶石板，年代久远，在四邻八村小有名气。

这座村坊小石桥之所以有名气，还得从桥名的"庙"字说起。原来，桥北堍就是一座小庙，此庙并非寺院古刹，一无庭院大殿，二无僧道住持，充其量不过是土地庙、城隍庙之类。桥西一条长浜也叫作"庙泾浜"，其名均由此庙而来。

据说古代的庙里有当地户籍簿，很多家庭信息详尽至祖祖辈辈。大概生田小庙也在此列，似乎掌管一方阴阳。古代长洲县儒教乡十一都一图（下庄）、二图（朱坝、金山）、十图（生田、郑仙）与若干黄埭图籍的乡民，都会去此庙进香祈福。先辈们也视其为新死亡人的灵魂收容所。以前还有"庙不收"的骂人咒言，意为那人生前恘，死后之魂连庙也不收留。

从前凡有人离世，家人都有去小庙引领灵魂归家的习俗，俗称"领魖"。其方式也不尽相同，朱坝、郑仙一带用一根红绒线系一枚铜钿，从庙中一路拖曳至家，让亡灵跟随回家。下庄人则把铜钿放在后背上，说是把灵魂驮回家，以此告慰亡灵。

小庙与小庙桥在时代进程中几经变迁，20世纪60年代，小庙被拆除，古石桥也被改造为新型水泥桥，改变了旧风貌。

后来此桥被改建成公路桥，生田的善男信女又在桥头小庙原址重建了几间瓦房，建成简易小庙祭祀先人，寄托哀思。

下庄村里的上庄桥

听上年纪的人说,下庄村里有座上庄桥,一座颇有年代感的古石桥,像一位耄耋老人,静卧在上庄河岸上。

上庄隶属于下庄,不知是先有上庄还是先有下庄,但上庄桥是整个下庄村唯一的桥。

上庄桥旁有一座黄墙佛殿天福庵。据金根祥老师讲述,早年的庵堂宽敞而庄肃,善男信女纷纷来此烧香拜佛,上庄桥上每天都是人来人往。以前村上婴儿满月剃头,理发师刚理好发,大嫂小婶或姑母阿姨等女眷就会撑伞抱着婴儿穿村走巷走过上庄桥,说是祈福孩子长大后运道亨通。

20世纪50年代,天福庵改作了下庄小学校,祈愿福康的庵堂成了教书育人的校舍。这所学校走出的莘莘学子,有些还跨进了高等学府。后来,年久失修的上庄桥损毁坍塌,学校也搬走了。

20世纪60年代,当地在古桥废墟上重修了拱形水泥桥,供手扶拖拉机通行。不久,苏埭路擦村而过,南横河上就有了桥梁,从此这里发生了脱胎换骨的变化,也结束了渡船历史。

改革开放后,村内逐步铺设水泥道路,桥梁随之升级为行车桥,上庄桥再次摇身一变成为坚固平坦的新型桥。与此同时,老房旧屋更新为二层楼房群,从此汽车开进村庄,村民过上全新生活。

如今,太阳路、春申河路、东挺河路、苏埭路、永方路、高架道等现代大道在周围融汇交集,附近的村落已经迁徙,但上庄桥依然静卧在那里,桥畔建起了梅花园,桥影嵌入景中,诗意自在画中。

摇身三变的生田桥

生田村域如元宝状,四周都是河、溇、港,东部、南部是池塘,西部东挺河,北部有后泾港。

过去的生田村,实际上没有一座桥。古时生田、金山、乔巷、长泾、下庄、上庄、朱坝、郑仙都属长洲县儒教乡(黄埭乡)辖地,在生田与长泾之交界地建有一座小庙,小庙门前的后泾港西首建有一座石板桥,故称"小庙桥"。然而生田四周都无桥,村西部的东挺河把河西岸生田的农田隔断开来,人们一年四季耕种劳动,全靠农船往返运作。

人民公社成立后,生田大队在东挺河北首与长泾村交界地段的狭窄处用毛竹搭建了座竹桥,桥面做成小竹排,桥栏杆也是竹子,人走在桥上嘎吱嘎吱响,胆子小的人战战兢兢,但总算有桥了,社员们去河西岸出工方便了,到黄桥去购物都可步行了。那个时候冬天非常寒冷,步行反而越走越暖和。

20世纪70年代初农业学大寨时期,生田大队开展农田基本建设,在黄泥湾地段西面,从下庄机房一直向东穿越东挺河到生田中部农田片区建成一条大水渠,渠道过河处建过水桥,在过水桥北旁边加扩浇制水泥桥墩,建造了一座水泥桥,叫作"黄泥湾桥"。有了这座桥，生田人更是热火朝天大搞生产，总是一日三过桥，送走太阳接月亮，两天农活一天干，白天满田人，夜里满田灯，创造出三麦高产奇迹，比原来产量翻了一番，被上级命名为"吴县三麦高产样板大队"，是吴县八大农业样板之一，也是吴县农业学大寨的一面红旗。

改革开放后，生田大队队办工业不断发展，冷作钣金加工制造业逐年扩大，原来利用大队大会堂作业生产、机帆船水路运输货物，已不适应形势需要。生田大队决定重新规划工业发展，新建集体厂房，新建东西向生田公路，东面连接金峰路，西面直通苏埭路，在西沿河新建公路桥，结合原黄泥湾防洪闸北移，桥梁和水闸建在一起，一举两得。从此，生田村有了可以通行货车的桥。于是，生田村的工业企业都得到了很好的发展，还为金峰村和周边村民提供了方便。

进入新世纪后，生田桥在原基础上又重新进行了加固、加宽，变成了更坚固、更宽畅的公路桥。如今的生田公路和生田桥又得到了进一步提升，全部铺浇沥青。全村大大小小200多家企业，包括外来务工暂住人员在内的8000多人熙来攘往，车流络绎不绝，生田公路和生田桥为百姓提供了更好的服务，发挥了更大的作用。

传奇的旺家桥

旺家桥位于黄桥街道生田村下庄中西部,桥东下庄六、七组,桥西下庄八组,在圆木流河、家西河(后称"旺家桥河")港上,经20世纪80年代末和90年代末两次翻建,成为一座石驳墩子水泥板平梁方形公路桥。桥宽6米,长15米左右,桥梁东西走向。

传说,旺家桥的来历有一番故事。从前,旺家桥村叫"流河村",一条流河南北向,南接圆木流河通往南挺河,北接家西河通往裴家圩(春申湖),河上无桥,靠摆渡船。流河村分河东、河西两个小村子,两河岸边路窄道滑,每逢下雨,常有人不慎跌落河里。

河东村上有一个种田汉名叫黄阿海,自幼父母双亡,靠租种村上财主金才宝家三亩田为生。黄阿海一心想架座桥,方便大家的生产生活,可他家中糊口也困难,哪来钱造桥呢?考虑再三,他便走到金才宝家央求说:"老爷,你行行好事,在村边河上造座桥吧。"金才宝正在堂里佛台旁闭目念经,听了黄阿海的话,一笑说:"修桥铺路是行善积德,待秋后再说吧。"

那年秋天,刚过秋分时节刮了一场台风,黄阿海三亩田里的稻一半给刮倒了，为了凑足租米他把大部分稻谷都交给金家，问金财主几时造桥，金才宝愁眉苦脸地说："今年歉收，靠你交的这点粮能造桥吗？待来年再说吧！"

第二年风调雨顺，秋后大丰收，金家粮栈里的谷子装得满满的，黄阿海交了租，拿了几只空麻袋兴冲冲地去找金才宝："老爷，前两天一个老太太又不慎掉进河里，你几时造桥哪？"金才宝又苦着脸说："唉，一家不晓得一家难，我金家家大开销大，造桥铺路还是不要找我金家。"其实金才宝他横算竖算，从没打算造桥，已经购好木材准备请工匠打造船了。

黄阿海气得半天说不出话来，暗自决定把穷人组织起来聚力造桥，他的设想得到了大家的赞成。

一年后，黄阿海积攒了两袋米。一天早上，他挑到黄埭街上准备出卖筹资，刚走到庙桥头，看见一个白发苍苍的老头正在喊卖一个披头散发的姑娘，他便上前询问，老头告诉他是要把自己的四女儿卖了换钱回家糊口。黄阿海二话没说，把两袋米给了老头说："你把它挑回家吧。"说完掉头就走。老头拉住黄阿海，让他把四姑娘领回去，四姑娘也跟着黄阿海走了。

到了黄家，四姑娘跳到流河里洗了个澡，换了身衣服，头发乌黑，身材苗条，加上红扑扑的脸蛋，显得端庄美貌。金才宝听说黄阿海用一担米换来了"西施"，便带了一班家奴找上门来，要出十担米来换四姑娘，黄阿海说什么都不同意，四姑娘却不慌不忙地对金才宝说："过两天你带十担米，装上嫁妆，要亲自坐船上，并在河中南北兜三圈后来接娶我。"金才宝连忙说好。第三天中午，金才宝登上船在河中央转了两圈，第三圈中途时，突然一阵狂风把船刮翻了，金才宝沉入了河中。

经过两年多积聚，两岸村民已购置了造桥木材，准备动土开工，由于河较宽，河中心的四根桥桩打下去遇到了难题，桩打不好，就无法造桥。一天黄昏，黄阿海正和大家为此事愁眉不展，突然闯来了四个人，一个年长的进门就作揖说："我们是逃荒的难民，来这里想讨口热粥暖暖身子。"黄阿海叫四姑娘煮了一锅热粥，四个人胃口也真大，一眨眼就把一锅粥喝了个精光，年长的吃完后，用袖子揩揩嘴，又作揖说："留个宿吧，我们天亮就走。"也没等黄阿海同意，四人倒头就睡。黄阿海想人总是有犯难的时候，干脆好人做到底。

黄阿海和村民们仍然商议着造桥的事，年长的那人听出他们犯愁，便脱口而出道："你们河边放好木桩。"他一声吆喝，喊醒了三人，四人话也没说站起来就朝外走，黄阿海先是一愣，随即明白过来，跟着出门追去，来到河边，只见四人"扑通扑通"接连朝河里跳。黄阿海毫不迟疑，立即和村民们把木头投向河中。

第二天清晨，人们惊喜地发现流河里冒出了四根坚实的桥桩。村民们立即把约定的工匠叫来，快马加鞭，在桥桩基上建起一座三连孔大木桥。

后来人们才知道，那是父子四人，年长的就是四姑娘的父亲，也姓黄，因他们看出这里是风水宝地，便在此生根安家。三年后，四兄妹个个都成家立业，生育了八男八女，真是"三兄四弟团结紧，田地泥土变黄金"，村邻亲如一家人，和和睦睦子孙兴。流河村村民生活一年比一年好，并且家家子孙兴旺，后来就把村庄叫作"旺家桥"。

强村富民的金峰桥

黄桥金峰村有一座桥叫"金峰桥",是村里的交通要道。

金峰村地处黄桥最北端,东接新联村,南连生田村,西邻黄埭长泾村,北靠黄埭塘。金峰四周都是河港,金山顶港贯穿南北,南接生田后泾港,西部原有长泾浜,后来新开一条港。

虽然被河港包围得像个岛,但金峰村过去没有一座像样的桥梁,也没有一条像样的路,种田养鱼干啥事情都靠一条船,上黄埭街要么一条船,要么一双腿。走路的话,从黄庄里、浦家里到罗青浜、火车浜,七曲八绕,一个来回要半天。

20世纪六七十年代,大队办起了金山板刷厂、棕丝棕绳厂、五金弹簧厂,都是靠机动船运送货物,当初金峰化工厂就因水上运输方便而建到黄埭塘边上。

要想富先筑路。改革开放后,金峰村村办工业不断发展,根据形势需要,金峰村作出了工农业生产和基础设施规划的决定,在20世纪80年代初建筑南北向的金峰公路,南起生田后泾港,北至黄埭塘边工业坊。1985年,后泾港上建了一座石驳墩子水泥桥,接通生田路。这座桥就是金峰桥,从此金峰村有了出村的公路,结束了不通公路的历史。

2000年，金峰村在集体投资的同时，组织企业老板和干部群众捐款30多万元，对金峰桥进行加固加宽。重新扩建的金峰桥，为混凝土大板梁桥，30多米长，8米宽。与此同时，全混凝土加固拓宽金峰公路，还新建工业坊厂区公路，全村各企业全部通达公路，村主干道与村支路相互连接，沟通到各自然村庄。2016年，主要道路又提升档次，新建沥青公路。

　　如今，金峰桥南北成为生田政治、经济、文化、商贸中心。桥南是生田村委会、党群服务中心、生田社区卫生服务站、黄桥生田幼儿园、生田警务站、生田图书驿站等。桥北的金峰路两侧都由外地人入驻经商，大小超市、饭店面店、早餐点心店、蔬菜水产店、肉类食品店、卤菜店、理发店、电动车行、家电维修店、电信通信店等应有尽有，成了一条商业街。公交车805首末站在村内，人来人往，车水马龙，一派农村城市化景象。

向阳桥的时代烙印

向阳桥位于黄桥街道生田村金峰八组、九组的圩巷浜上，20世纪70年代初建造，结构为一座砖混水泥环形桥，宽3.5米，长9米，桥梁南北走向。

向阳桥南部是当时金山大队政治、经济、文化中心，大队办公场所、金山板刷厂、棕丝棕绳厂、金山小学、医疗站和一、二、三、四、九队都在此处。桥北部是六、七、八队和占全大队半数面积的地域。圩巷浜东西向，过去河上无桥梁，人们出门干事全靠船通行。20世纪60年代时期，搭了几次竹便桥，因没有规划定型，终成泡影。

1971年，金山大队在黄桥公社第一个实施扩种百分之百双季稻，更换了原来的单一品种。在育秧栽培技术的改进中进行双熟制试种，上级为鼓励推广种植，赠送了一台195式手扶拖拉机。使用拖拉机耕田，就要有机耕路，还必须有可以配套通行的桥。在圩巷浜上建桥，对沟通金山大队南北至关重要。于是大队作出整体规划，决定建造一座能通行小型机动车辆的桥，以桥为中心，南北建筑机耕路，并逐步向四周延伸至各生产队农田。

这座桥的名称"向阳桥"，有着那个特定时代的烙印。当时，要始终把学习毛泽东思想放在首要地位,要把大队办成"毛泽东思想大学校",成为"红彤彤的大寨式大队"。当时有一首歌叫《社员都是向阳花》,非常流行,圩巷浜上造的桥也就叫"向阳桥"了。

旗杆庄东旗东桥

在黄桥胡湾有一座旗东桥,顾名思义,它坐落于胡湾旗杆庄之东,跨越严家溇浜,通达东部严家溇和陈埂上。

说起旗杆庄的村名来历,村民们无不津津乐道。村民吴根男的祖上有一年考中了秀才,经过努力,要再进京考试,与邻村小角里秀才相约一起行船赶考。出发之时,船泊岸边,吴家秀才一脚踩空,落于水中,不觉愁上眉梢,迷信地以为是触霉头,就把赶考高中的希望留给小角里秀才。结果,那秀才一举成功,回乡后感激吴家秀才,便在其场屋前立一光头旗杆,由此村子得名"旗杆庄"。

旗杆庄周围临水,出行不便。为沟通东部出行通道,旧时在严家溇浜南端设有摆渡口。

在20世纪50年代末,为方便种田灌溉,村民在严家溇浜南端渡口的水面上方,横空架一条粗大的排水管作为农用渠道。

1965年,为了方便行走,就把管子排到下方,上面建了桥梁,桥以村名,便得"旗东桥"之名。

旗东桥西桥堍跨于田圩,东桥堍也跨于田圩,桥长约10米,宽约1.5米,所跨水路为严家溇,由于村名与水名相同,后来村民自行把水路改称"严家溇浜"。

桥身中部并排2块4米长楼板,两面坡上又各自斜向搁置2块4米楼板,形成梯形,两边桥下设有水泥墩子。桥洞为方形,能行5吨机帆船1条,也能并排行驶捞草船2条。

此桥方便了旗杆庄人到严家溇浜东面的圩田从事农业劳动、到鱼池上从事渔业劳动,也方便了旗杆庄、万家庄、九图等村民上黄桥市镇。

从传渡船到反孔桥

在胡湾村南北走向的严家溇浜北段,旧时曾有一个渡口,有热心人放置了一条渡船,靠手拉绳索载人渡水。这种渡船有别于江南养鱼所用的小木船,它呈长方形,船底见方,平头,乘坐十来人也不会侧翻。

在20世纪60年代,大队部移至严家溇浜西部的罗埂上南约300米处,浜东的陈埂上、严家溇、大宅基村民都要绕到北部的严家溇桥,再折而向南,如此绕了一大圈,煞是费事。

1970年,大队思考在严家溇浜中北段再造大桥,以便村内人出行,时值农业学大寨,村民在严家溇村西的田岸上修筑了机耕路,直达浜东,同时于罗埂上东北部的白壳潭岸上修筑机耕路,两路相对,坐以待桥,书记顾阿林一语拍板,决定建反孔桥。

反孔桥桥洞见方,石驳墩子,两边都有石桥块。桥下可行5吨级的机帆船,也可并排行驶两条捞草船。

反孔桥通架东西,沟通了水西的旗杆庄、罗埂上和水东的陈埂上、严家溇、大宅基。有了此桥,村民不必绕道严家溇桥,可直接通行至大队部。

由于此桥用途大,毁损较严重,为安全起见,于2005年重新改造，加长了坡度，桥身约20米长，桥面为环隆形，比严家溇南端的旗东桥要大，也坚固得多。如今，反孔桥依然在严家溇上扎稳脚跟，发挥着重要作用，桥下已无舟楫，桥上却是车流滚滚，宽可行驶两辆小轿车，连土方车都能轻松地在此村桥上行驶。

就闸而架的严家漊桥

严家漊桥是一座闸上桥,在黄桥胡湾地界的3座桥中,其营建时间是最早的。

原先这里设有摆渡船,村民自行用船撑篙过严家漊浜。其时,村民互通往来,只能用此古老方式。

后撤船建木桥,在3根横档上面并排钉以30多根5厘米宽的木条,由于木条之间间隔较大,村民行至其上,总是心惊胆战。特别遇有雨雪天气,木板上沾满烂泥,非常湿滑。

20世纪50年代末,黄桥渔乡遭遇水灾。为吸取教训,做好预防工作,便建起了大包围堤岸,共设了5座闸。其中,大庄2座、民安1座、胡湾1座、陈其1座。

胡湾设闸的原因是南面鱼池多,此间属于沉降带低洼处,鱼池和农田均需保护。

兴建水闸的同时,在其上边建桥。桥形制简单,仅在上面并排搁置2块民用4米长的楼板。桥洞见方,可行驶5吨级机帆船1条,或捞草船2条,桥身长度与严家漊浜南端的旗东桥不相上下,桥墩为石驳。

2018年,胡湾开始拆迁,严家漊桥伫立水上,静静地为村民尽好送行之责。2021年,当黄桥许多桥梁因村拆迁时,此桥却迎来了新的使命,在未来的大黄桥观光带上,严家溇桥将成为村民从梅花园到三角咀的必经要口,它必将迎来华丽的蜕变。

"争得来"的毛家桥

在黄桥旺盛路西端右转弯处,有一座钢筋混凝土结构的桥,桥墩像庄稼汉的双腿,有力支撑着桥体,桥面平坦宽阔,双车道加上两边人行道,用宽阔的胸怀迎送着来来往往的行人和车辆。桥立面中央三个红艳艳的大字"毛家桥",见证了改革开放后渔乡黄桥的飞速发展。

在人们的记忆中,毛家桥是一座"争得来"的桥。

毛家桥的原址在原木巷村毛尖浜的河道上,河岸的北面是木巷的第七、第八生产队,河南边是第九生产队,共70多户人家。没有修桥之前,这里的人们虽然共饮一浜水,但只能隔河相望,沿着泥泞的河边兜来转去走出村庄。

"早就应该修一座桥了,下雨天太难走了!"20世纪50年代初,大队书记冯阿木的提议得到了村民的认可,但与大队干部商量时,大家都觉得造桥的资金难解决。

村里行不通,冯阿木就跑到乡里,多次呼吁要求在此建桥。巧合的是,当时乡政府的主要领导顾阿林就是从该村走出去的干部,在他的支持下,乡政府作出了建桥决定,批下一笔造桥资金,从资料部调拨了造桥的木材,开始选址动工造桥。

从动工造桥的那天起,兴奋的村民们每天都在期盼。考虑到项目的实施会有许多问题需要处理,冯阿木便组织部分群众代表成立了桥梁建设项目协调小组,积极配合施工单位和工程队工作,确保项目按时按质完成。经过一段时间的奋斗,一座用木头建造的大桥横跨在毛尖浜上,从此,村里的人们从桥上走出村庄,走向远方。

要发展,要致富,先修路筑桥,这成为当时黄桥人的发展理念。20世纪90年代初开始,黄桥发展提速,交通状况日新月异。在此期间,毛家桥也做了规划和调整,从窄狭的毛尖浜底端向前移至毛尖浜的出浜处最南端,毛家桥旧貌换新颜,挺起胸膛以最新的姿态,迎送四面八方的宾客和奔驰的过往车辆。

毛家桥,经历了从无到有、从木结构到钢筋混凝土结构的蜕变。她从建设者的奉献中走来,一头牵着百姓的梦想,一头书写着建设者的豪迈。

大庄老木桥与"桥头小学"

记忆中的大庄老木桥在大庄村三组与原民安四组分界河上,此桥桥面宽约五尺,2根桥桩支起圆木桁梁,梁上横铺木条板成桥面,西边安一护栏杆。该桥是用大庄村三组一户姓王的富农人家拆下的大木梁和木块建成的,风风雨雨坚守在这里。

50余年前(1970年前)此桥尚在,不过已是枯木斑驳、桥老钉出,一副老态龙钟的样子了,一眼便知它已年久日深。

村上老人说,此桥旁边是牛下水滩,河水较浅。桥北块本是王家宅基,此房四开间门面,坐北朝南,内庭宽绰,屋门并非一门一闼的大众化样式,而是庭园式门窗,落地长窗,花格窗棂均镶嵌彩色玻璃,看上去显赫出众,非乡富大户莫属。

按常理,桥是绝不可对着民房的,而此桥偏偏紧对大宅门庭。这所宅园离河仅有五六尺之距,也就是说河北岸(桥北块)的走道就在墙根边,这样的桥着实少见,这里面有何风水讲究呢?令人百思不得其解。

中华人民共和国成立后不久,这所老房子改成了大庄小学校,吸纳大庄、民安的儿童上学读书。校园内的琅琅读书声,在桥头回荡,老木桥也热闹了起来。

20世纪60年代,学校调来了朱静德老师(校长),"桥头小学"出现了鼎盛景象,不光教育质量大幅提高,还聚来了大庄大队的群众文艺积极分子。是时,全国城乡大兴文艺宣传活动,"毛泽东思想宣传队"在各社队蓬勃兴起。而生产有力、文艺薄弱的大庄大队,来了热衷文艺的朱老师,无疑是雪中送炭。

上课之余,擅长曲艺的朱老师,编写节目唱词、辅导表演艺术,吹拉弹唱地参与排练节目,小学成了文艺活动中心。业余之时,嘹亮的红歌声、悠扬的器乐声在桥头飘荡,似乎老木桥也积极了许多,拱起它苍老的身躯,任凭众人踏过腰背。同时,也冒出了沈云娥等一批文艺骨干,把大庄文艺队搞得风生水起、红红火火,也在黄桥声名鹊起。

在此期间,群众喜闻乐见的文艺活动,深入田间场头,舞动村头巷尾,逢年过节时,大家争相观看。短小精悍、丰富多彩的说唱,既宣传了党的精神,鼓舞了群众斗志,又充实了村民的文化生活,更让毛泽东思想全方位占领了农村文化阵地。此情此景,沈云娥等辈至今津津乐道。

不久,"桥头小学"迁往新址。岁月滔滔地流去,迟暮垂年的老木桥也在烟波之中慢慢消失殆尽,但那段热火朝天的岁月,铭刻在大庄人的记忆中。

民安桥得民心

西塘河是连接着望虞河,在巍巍的虎丘山下缓缓流向姑苏城外的一条母亲河。西塘河西岸,可眺望远处的大阳山和浒墅关。此河由几条名河衔接,贯通大运河。西塘河两岸的百姓,祖祖辈辈生活在这里,默默地守护着它。而这里的人们经受着出行只能靠船、去两岸只能摆渡的方式。在河上建桥通行,是沿河两岸百姓的期盼。

20世纪60年代末的一个春天,黄桥公社党委决定在西塘建桥。此消息传到居住在西塘河的百姓,特别是原万安村第四生产队的社员的耳朵里,大家奔走相告,欢欣鼓舞,犹如春风吹开了花蕾,小村庄便染上了春的颜色。

由于经济条件的限制,建桥技术水平低,建桥的设备还不够完善。当时公社党委派出党委委员顾阿林、水务站的万祥发担任造桥领导,选拔以造桥土专家张阿五为代表的一行人,准备造桥。

此桥建设过程特别的艰难,主要是西塘河作为水上交通要道,不能断航筑堤,河面有40米宽,桥的高度和坡度都十分讲究,再加上河底深、河水急,当时造桥的设备和技术又落后,桥基建设困难大。造桥工人在河岸上搭起简易棚,运用杠杆原理打桩衔接桥面,通过垒大重量的水泥结构板,在河上现场灌浇水泥桩。土专家张阿五把自己的安危都放在脑后,每天都要工作12小时以上,有了小毛小病也从不吭声。

  经过近一年的苦战,民安桥终于建成了,一桥架东西,天堑变通途。人们迈步在民安桥上,感慨社会主义好,感谢共产党为民造福,使百姓安居乐业。为纪念此桥,原万安大队改名为"民安大队"。

三桥度春秋

——聚说徐埂桥、项家村桥、南行廊桥

西塘河的水缓缓向东流,流入长流河中,经一分流交汇岔口往南延伸流入原强盗港(现朝阳河),在这不足20米宽的河道两岸,居住着80多户人家,过去因一河相望,不能正常来往,只能划船过河。20世纪50年代,河上先后建起了3座桥,分别为徐埂桥、项家村桥、南行廊桥。桥,不是没有生命的冷冰冰的建筑物,它体现着人类智慧。现实是此岸,理想是彼岸,中间隔着湍急的河流,行动则是架在河上的桥梁。

三桥并列而卧波,充当了两岸枢纽。春天,河岸树木花草葱郁,风和日丽,杨柳依依,春风拂面,站在桥上望去,渔岸边浪花朵朵,犹如鱼翔浅出,微风阵阵,淡淡的鱼腥味是渔家的味道。人们日出而作,日落而息,这种半农半渔的生活方式,去农田,到鱼塘,串联的3座桥共享这份生活气息。小伙伴们光着脚丫走在桥上,荡漾的河水映着笑脸,追逐玩耍在桥头路上,东风初劲时,手执高翔的纸鸢,学会偷懒的人儿,把线绑在桥桩一头,仰望天空,梦想自己何时也能飞翔。家乡的桥基本架在两村之间,桥在天然图画中,真是相得益彰,怪不得杜甫有"市桥官柳细,江路野梅香"之叹。这样的山色水光与桥共同构成美景。

徐埂桥的造型很像板桥，拱形弓起，栏杆粗壮，桥面虽不舒阔，行走在桥上却非常舒心。东桥堍依河而建的农家粉墙黛瓦与桥共映，桥旁还有几棵大梧桐树，高出桥面四五尺。树梢上那蔚蓝的天，披着炊烟的农家，是烂漫的春，是娇艳的春，是最美的村。还有那树上，叶枝间喳喳叽叽的叫声一片，早已撩动了我与伙伴们的心，撑在桥桩顶端，捣蛋的丑事已记不得有多少了。由于这些桥为人们提供了方便，所以桥边总是这样热闹非凡。特别是在假日里，两岸的人们有的在做买卖，七嘴八舌地讨论着；有的孩子在玩游戏，手舞足蹈地边唱边跳；鱼儿好像也不甘落后，在夕阳的照耀下竞相跳跃，陶弘景的"夕日欲颓，沉鱼竞跃"就是这样的景象了吧！

项家村桥"挤"来比较"悠悠"，要过桥，再忙、再赶路也只能坦然地接受慢悠悠，因为这里的人们早已熟悉项家村桥的状况。它在三桥中间，黄梅季节时，水涨船高，涨水时桥就会被淹，过桥就得"摸着石头"。犹如老大一样，两边的兄弟桥形影不离地陪伴着，从涨水到淹没桥洞，急流冲着桥桩，水缓缓而流，水定而无波，深深浅浅，都陪伴着它，它是主角。宋代苏东坡曾有"东海独来看出日，石桥先去踏长虹"的名句。

过了项家村桥，必将穿越南行廊桥。南行廊桥是一座再平凡不过的小木桥，用木板绑在一起演变成桥，小船平驶即可。假如船只过高，船上的人传呼两岸，岸上的人们一起用力使劲撑起木板桥让船只通行。此桥也是两岸居住的人们利用各家的木板拼凑而成的，木匠师傅用稻草搓成简易的扶栏杆牵着两边，虽然再简单不过，但凝聚着这里人们的智慧，给他们的生活带来极大的便利。

3座桥传递着四季轮回的味道。人们穿越3座桥,驶出了港,就是远航。

幸福路上幸福桥

雨过西塘河，烟笼万家村庄，这里被人们称为"风水宝地"，四面环水。可是，在20世纪70年代，该村庄的人要到任何一个地方，唯一的办法就是用船来作为交通工具。居住在这里的人们忍不住两眼泪汪汪：踮起脚尖望望在眼前，摇船出行大半天。啥时候才能在岸与岸之间建座桥呢？造桥成为祖祖辈辈人的愿望。

从村庄往南是成片的鱼塘，渔岸中因一河两岸相隔，成了此村庄最大的行路障碍，若能在两岸之间建造一座桥，人们碰到急事，再也不用摇船左转右转于弯弯曲曲的河道之中了。

大庄大队的领导一直把造桥作为一件需要为民操办的事情，当时村级集体经济比较薄弱，造桥筑路，花费的财力和人力是相当大的。

不能再等了！1975年冬，大庄大队决定在今冬明春开工建设。

沿着村庄一直向南一条千米长的岸渠之路和造桥工程，浩浩荡荡地开工了，大庄村全体社员齐参战。勤劳智慧的社员们利用干鱼塘，一方面改造深水养鱼，扩大水域，另一方面把鱼塘底的泥土挖的挖，挑的挑。战风雪、冒寒冷，全体社员挑灯夜战，力争上游，经过百日攻坚战完成了此路的铺设。村民们把这条路称为"幸福路"。

有路必有桥,在路中间建桥,村民们自己动手,参照建桥的标准和规范,集大队之精英,有着多年工匠经验的张阿五担当了此桥的建造代表。在自己的河道建桥,他胸有成竹,对此地的地形和土壤十分了解。最后按大队的要求,要造出的桥南北引坡25度,长度为25米,桥梁的高度离最高汛期水位13米,保证一般帆船行驶不下帆,桥宽度为3.5米,确保当时的农耕拖拉机行驶。

面对大队对造桥的要求,工匠们发扬有条件要上、没有条件创造条件的精神,按照多快好省的目标建设,一座水泥钢筋混凝土结构拱桥呈现在大家的眼前。村民们一致认为,幸福路上的桥就叫"幸福桥"。

藏在水面下的长流桥

万家庄的外塘口——西塘河与长流河交汇处,曾经有一座用竹竿建成的桥,叫作"长流桥",被人们称为"藏在水面下的桥"。

说起长流桥,当地流传着一段耐人寻味的传说。

西塘河与长流河呈"八"字喇叭形,外大内收,河的南北岸呈现明显的差异,河南岸比较低洼,河北岸又高又宽,那里有一块比篮球场还大的场地。据村上长者描述,此地属风水宝地,在18世纪末,村上有一家姓陈的人家,家人在县衙内当官,看中这块地方,在北岸建造起房子,亭台楼阁,独具苏州建筑特色,靠岸还有宽阔的码头,停靠着官船,供陈氏家属水上出行。南岸搭的土坯茅草屋,是姓黄的人家捕鱼回来休息的地方。

陈家生了三个女儿,而黄家生了两个男孩。岁月流转,孩子渐渐长大,陈家的三个女孩个个亭亭玉立,黄家的两个小伙子也是眉目清秀,非常阳光。两家孩子隔河相望,一起栉清风,数游鱼,沐朝霞,揽明月,两小无猜。黄家大哥有时带着陈家大姐在长流河上泛舟荡漾,两人情窦初开,互诉衷肠。

有一天,他俩又来到河边,不知是上帝赐予,还是巧合,他们相互凝视对方的一瞬间,同时发现河面上漂来了一根青竹竿。小伙子急忙捞起河里的竹竿，凭他的灵活性，借着爱的力量撑杆腾空，陈家姑娘看在眼里急在心里，默默祈愿他千万别掉进河里。黄家大哥像练过武功一样，轻轻地握住竹竿飞燕式跃过了河。陈家姑娘心花怒放，用温暖的小手牵着黄哥哥，悄悄地进入自己家的后花园。

陈家后花园具有江南水乡的特色，透过花瓶式的窗台，西北处是茂密的竹园，竹子成林，在微风中舞起，枝头上鸟儿喳喳的叫声，怡然自乐，两人说起了悄悄话。黄家小伙子早已胸有成竹，望着又粗又高的竹竿抿嘴微笑。聪明伶俐的陈家妹妹早已知道了他想用竹竿搭桥的心思。黄哥哥挥刀舞锄斩竹竿，陈妹妹用稻草搓起绳来。竹竿捆绑竹竿，绳子绕着竹竿，一座竹桥架在了河的两岸。

桥架起来了，但到了黄梅季节，水位一上涨，桥的最高点就会和水面平行，甚至有时候河水会漫过竹桥，人们就把这座长流桥叫作"藏在水面下的桥"。桥藏在水下，总得有个参照物，让人们知道桥到底在哪里。于是，黄哥哥和陈妹妹结婚的时候，在桥的两边各栽了一簇野玫瑰。后来，村里越来越多的年轻人结婚时，都会在"藏在水面下的桥"两岸栽种野玫瑰。以至于多年后，人们看着河两岸成百上千枝野玫瑰时，根本就无法找到"藏在水面下的桥"。

后来，长流桥经过了多次修复，但桥的形状基本保持原样，只是加了一些木板。后来，陈家在一场莫名的火灾中遭遇不幸，只有嫁给河对岸黄哥哥的陈妹妹逃过此劫。为对陈家宅基的没落作一个警示，两边的桥墩加了三个踏步，告诫人们走过桥时要三思而后行。

而今，这座为了爱情而诞生的长流桥已经成了万家庄的地标，每年都有相爱之人沿着河的两岸寻找那座"藏在水面下的桥"。

从反修桥到大庄桥

黄桥街道西北角连接相城区与高新区的要塞通道上，有一座横跨西塘河的桥叫"大庄桥"，它的前身是极具时代特色的反修桥。

反修桥修建之前，该处为20世纪五六十年代大庄村三个摆渡口之一，名为"西塘河西摆渡口"，渡船是河两岸人们唯一的通行工具。村民们一直想造一座属于自己的桥，苦于受经济条件限制，迟迟不能得以实现。

20世纪60年代，大庄人着手在西塘河西摆渡口造桥，给桥取了个紧跟时代的名字——"反修桥"。这座桥宽3米，拱形，桥堍有台阶。站于高高的桥身，犹如站在了大庄村的脊梁之上，能饱览大庄村景色，能远眺虎丘塔古老的身影，能目睹大阳山壮丽的山貌，还能聆听火车隆隆的声音。

反修桥挺立于宽阔的西塘河上，默默坚守了三十来年。

时间一晃来到1995年。随着经济社会的不断发展，人们的生活水平不断提高，汽车作为交通工具不断普及，加上西塘河每年汛期泛滥的洪水，河两岸的泥土已经开始松动，桥梁也因年久失修，成了危桥。随着当时西塘河两岸沿线驳岸和绿化的整治工程的开展,反修桥也在此次整治提升的计划中重新建造。

施工人员拆除原有的片石桥,进行全面改造,施工团队编制安全施工方案,在施工过程中,全过程跟踪和监控方案落实情况,确保各项安全措施落实到位。翻建后的桥桥面宽约6.5米,引桥部分24米,可行驶载重50吨左右的货车,桥的名字也改成了"大庄桥"。

从反修桥到大庄桥,人们在感受出行便利的同时,也感受到了时代的发展和变化。

从大寨桥到国泰桥

虎丘湿地公园西区道路上有一座桥叫"国泰桥",每天迎送着络绎不绝的观光客。

国泰桥的前身叫"大寨桥",看到这个名字就知道它的出身。20世纪60年代末,农业学大寨如火如荼。虎丘湿地公园西区那时属于黄桥青台,青台人虽然也在栉风沐雨奋战田野,但受阻于西塘河上没有桥梁,出行不便影响了生产发展。

西塘河上没有桥由来已久。青台位于长荡腹地的青苔湖,境域湖河交错。清代凌寿祺诗云:"青苔湖上数百家,家家种鱼鱼池绕。鱼池近河与河隔,围以垂柳间以陌。"又有诗云:"此间事业擅陶公,安稳生涯寄一湖。不待西风始归去,家家鲈鲙占东吴。蟹籪遥随虾渚长,老饕风时足江乡。近湖田水秋来足,早有红莲送稻香。"但就是这个钟灵毓秀的鱼米之乡,被一条西塘河捆住了手脚——河上没有桥,人们过河只能靠船摆渡。1949年春解放苏州之时,千军万马路经西塘河,仅有的摆渡船已是无济于事,当地老百姓纷纷撑来船只、捐来门板,搭起了一座浮桥,打通了解放苏州的通道。

往事让青台人骄傲,也让青台人感到了造桥的迫切。借着农业学大寨的东风,青台大队在集体经济捉襟见肘的窘境下,自力更生,在西塘河上架起了一座水泥拱桥,当时命名为"大寨桥"。

从大寨桥到国泰桥,名字变了,但桥还在,还在向人们讲述着青台、黄桥这块水乡沃土的变化和发展。

新东桥的蝶变

新东桥,位于占上村东头,是永青路上的道路桥,802路公交车途经此桥往返于青台首末站。

新东桥的身世得从长荡一隅的砖场与古东桥说起。此地早有农家定居,村旁有座砖窑,窑场上弄泥制坯,堆砖叠瓦,由此村名就叫"砖场"。

砖场村东有一条宽阔河浜往南连通杨直塘河与三角咀,村头一顶石板桥沟通了去黄土桥的路。由于这座桥位于村东,俗称"东桥"。

东桥西面有一条不算长的老街,宽不足六尺,街上店铺鳞次栉比,木栅板门面古色古香,与当年的黄土桥老街不分伯仲。街头有一所名为"斗木台"的堂屋,当地乐师常在堂会奏乐祈福,悠扬的旋律萦绕街坊,显示砖场非同一般的人文氛围。

桥畔的五圣堂、猛将堂、杨家墩小庙等庙宇堂所古韵风雅,与村桥河谷、窑田坟茔构成一幅景明和美的田园乡村图。其中杨家墩小庙内置有十殿阎王劝善惩恶的画面,告诫世人应弃恶修性,行善积德。

这里年年要举行约定俗成的抬猛将、庙会等大型民俗活动,届时盛行鸣锣开道、旗幡随行的"臂香当"、磕水划船的"磕头桨"等盛大的祈祷仪式,在桥畔水陆并行。

新中国成立后,古老民俗逐渐淡化,古庙、古堂也荡然无存。1958年,在"鼓足干劲,力争上游,多快好省地建设社会主义"的感召下,砖场改名为"占上"。

20世纪60年代,农村大兴农田水利建设。占上村修建的大渠道恰好与古东桥"狭路相逢",便在河底铺设倒洪蓄水泥管,将古东桥改建为正对渠道堤的石板桥。

改革开放后,黄桥发展成了"老板镇",道路建设与时俱进,永青路的修建恰好选在大渠道上,石板桥再次与新建路迎头碰撞,老东桥摇身一变成了可以通汽车的新东桥。

白马寺的前世今生

黄土桥边有座白马寺,初名"白马庙",因供奉白马老爷而得名,在清朝时由高僧道法改名为白马寺。

三国东吴赤乌年间,有祖籍西域而生于汉地的高僧性康来吴地黄土桥畔讲经说法,同时带来了印度佛学画本,佛教渐渐在黄桥兴起。

白马寺的来历

相传,白马庙起源于白马救主的典故。北宋末年,康王(宋高宗赵构)被金兵追杀,逃至江边,眼看金兵追到,焦急万分时,见崔府君牵着一匹白马,请康王蒙上眼睛骑马渡江,等到对岸,摘去蒙眼之物再看,人马全无,只有泥土一堆,康王惊喜道:"此乃神马,天助我也!"心内感激前臣、神马显灵相救。康王称帝,在临安(今杭州)建都后,为拜祭前臣及白马搭救之恩,下旨在长江南北建造72座白马庙,并封崔府君为"白马老爷",黄桥的白马寺即是当年康王下令建造的白马庙之一。相传,寺内供奉的白马老爷,常显圣于各地,造福一方,倍受尊崇。

据史志记载，在中国民间信仰里，护驾有功的崔府君，姓崔名珏，生于隋开皇五年（585）六月六日。唐太宗时授长子县令，后历任滏阳县（今河北磁县）县令、卫县（今河南浚县）县令、蒲州（今山西永济）刺史兼河北二十四州采访使。唐贞观二十二年（648）十月卒。

宋高承《事物纪原》卷七载："显应公，在京城北，即崔府君祠也。相传唐滏阳令，没为神，主幽冥，本庙在磁州，淳化中民于此置庙。至道二年，晋国公主石氏祈有应，以事闻，诏赐护国。景祐二年七月，封护国显应公。"安史之乱后，唐玄宗封其为护国显应侯。相传金兵南下时，崔珏显圣挡驾，泥马渡康王。《宋人轶事汇编》卷三引《南渡录》："康王质于金，……高宗得逸，奔窜疲困，假寐于崔府君庙，梦神人曰：金人追及，速去，已备马于门首。康王惊觉，马已在侧。霜蹄雾鬣翘立，跃马南驰既渡河，马不复动，视之则泥马也。"现在杭州城中还遗留有白马庙巷的地名，与明代成化《杭州府志》卷六所记位置一致，应该是当年白马庙的遗迹所在处，其记为："白马庙在凤山门里，州桥之北，北宋建炎建，祠磁都土地崔府君，世传谓渡康王者即此也。"而宋咸淳《临安志》卷七十四有载："白马土地庙，在县北二里，旧云金人犯境见田野间白马甚众，竟不敢入。"后来江南各处皆建白马寺或庙拜之。唐玄宗封其为灵圣护国侯，北宋景祐二年（1035），宋仁宗封其为护国显应公。宋真宗加封其为护国西齐王。元至元十五年（1278），元世祖封其为齐圣广祐王。然民间多以"府君"称之。

不仅如此，崔府君还被供奉为冥界判官，明代王世贞、汪云鹏《列仙全传》记载，崔府君在世时候昼理阳间，夜治阴间，死后被奉为主幽冥之神，或被列为东岳大帝之辅佐。清康熙《古今图书集成·神异典》卷五十记载："东岳行祠，祠在常熟县治西一里，虞山之南麓，宋淳熙九年建。中天齐仁寿帝，左司命真君，右崔府君。"《西游记》中酆都判官也是崔珏。

白马寺的时代变迁

清朝顺治年间，有高僧道法路过此地，看到白马庙上空有霞光瑞气，佛光普照，乃驻锡于此，发心修建，并改名为"白马寺"。该寺当时占地面积五十余亩，寺内有大雄宝殿、戏台、楼阁、花庭、画舫、龙船，有两棵参天银杏树，树粗有两人合抱有余。寺内左边塑有高头白马一匹，两侧有两位小童侍候。白马寺香火旺盛，尤其是白马老爷生日（农历六月六日）和白马娘娘生日（农历十月十六日）这两天，更是人山人海，场面热闹非凡。

抗战期间，穹窿山道观大法师曾在白马寺隐居数年，白马寺一度成为道观。1952年，白马寺被国家征用，成了乡粮管所暨粮食加工厂。1958年变为养殖场。"大跃进"时，寺内塑像、戏台、楼阁、龙船等被毁。"文化大革命"期间，主要建筑被毁，只留有一些基石。

改革开放后，宗教政策逐步落实，民间宗教活动逐渐恢复，白马寺遗址香火一直不断。经主管部门同意，1997年开始筹划恢复重建白马寺。2003年已建有山门、天王殿、大殿及配房等建筑约800平方米，寺院占地约10000平方米。2005年5月，礼请泓光法师管理白马寺。2008年开始新修了600平方米的寮房。2010年重修了600平方米的斋堂厨房。2011年翻修了400平方米的念佛堂。2012年至2014年新修了莲池海会、藏经楼和走廊共约1200平方米，还对天王殿、大雄宝殿及其他配房进行了多次修缮。2007年举办了大殿佛像开光庆典，2012年举办了西方三圣开光庆典，还多次隆重举办了其他法会活动。

随着白马寺影响的逐渐扩大，信众人数不断增多，原有的活动场所已经不能适应当前广大信众进行法会活动需求。在社会各界大力支持和多方努力下，2015年启动了新的大雄宝殿建设，新大殿建筑占地面积1080平方米，大殿实用面积650平方米。截至2023年6月，大殿基建工程接近完成，进入佛像的雕塑和装金阶段。

2018年，白马寺重新规划总用地面积26125平方米，总建筑占地面积1082平方米（建筑面积18700平方米）。2020年9月29日，在各界人士大力支持下，白马寺进行了隆重的新天王殿奠基仪式。

打造和谐共处的佛教道场

据民俗研究专家沈建东老师介绍，白马寺于2005年开始由泓光法师主持，他来寺庙上任的时候，天王殿、大雄宝殿刚修复完工，还没有请佛像进来，东面偏殿供奉的是崔府君，后来搬到了西面偏殿。2015年开始在老的大雄宝殿西重修新建大雄宝殿，2020年6月基本完工，供奉的是释迦牟尼佛和二十四诸天以及四大天王像。地宫佛像皆装金身，四周彩绘壁画飞天，雅致美丽。

目前，白马寺积极配合佛协，做好符合规定的人员编制工作。白马寺常住僧人5名，职工4名，每天安排义工4名参加寺院的日常管理，将更好地把佛教和地方的历史、文化资源相融合，把白马寺建设成为环境幽雅、清净庄严、和谐共处的佛教道场。

第二篇章

桥乡风流

解放大军过黄桥

1949年4月1日,以周恩来为首席代表的中国共产党代表团同以张治中为首席代表的国民党政府代表团,在北平举行和平谈判。为争取达成有利于人民的协定,人民解放军数度推迟渡江时间。4月15日,国共双方代表团拟定了《国内和平协定(最后修正案)》,并商定4月21日签字。但南京国民党政府却拒绝签字,谈判宣告破裂。

4月21日,毛泽东、朱德发布《向全国进军的命令》,在"打过长江去,解放全中国"的号令下,中国人民解放军在西起江西九江湖口、东至江苏江阴的千里战线上,百万雄师横渡长江。

解放大军南下解放苏州,在苏州城北要塞黄桥,留下了一段不可磨灭的红色印记。

吴县地下党迎接渡江战役

1948年下半年,在全国解放战争转入全面反攻的形势下,澄锡虞工委派陈锡昌等带领武工队到吴县苏西北地区(黄桥、东桥、黄埭等鱼池弄地区)恢复工作,并积极进行迎接大军南下的准备。

1949年2月，澄锡虞工委书记赵建平和朱帆同志在无锡后宅召开武装工作人员扩大会议，传达了国际国内的形势，要求大家做好大军渡江南下的准备工作，还具体布置迎接解放军的任务，告诉大家与解放军的联络暗号，并要求做好组织群众欢迎、放炮仗、送茶水、带路等工作。后勤工作要准备好粮草，安排好住宿。

1949年4月21日晚上，苏北大军渡江到达锡东后曾派章长（掌）兴等作向导，带领三野特务团从锡东出发经东桥到达虎丘，并发动当地党员群众配合大军解放苏州城。

解放军渡江炮声一响，吴县各地武工队积极行动，接收、控制了大量国民党地方武装，不断扩充队伍，打击敌人，保卫地方治安。与此同时，吴县苏西北的亭太、东桥、黄桥、漕湖、蠡口等地武工组和地下工作人员纷纷出击，公开活动，在西迄望亭、浒墅关，东及蠡口、渭塘，北至漕湖，南达虎丘铁路以北的广大地区纵横驰骋，迅速扩建了一支"路北连"队伍迎接解放，连长为张永定，指导员为黎欣。

人民解放军胜利渡江，国民党296师仓皇逃离苏州，向上海龟缩。25日，吴县县长朱维汉逃出苏州。国民党苏州驻军只剩123军182师以及"交警大队""保安队"等地方武装，分别布防于城北、城西之虎丘、枫桥、横塘一线，掩护主力东撤，并炸毁了浒墅关东西两侧的120号、113号两座铁路桥，妄图阻滞解放军的行动。

85师253团行军至黄桥西塘河受阻

第10兵团第29军于4月23日夜解放无锡，所属85师、86师及

87师之260团、军炮团等部担任解放苏州的主攻任务。部队于26日凌晨从无锡出发，沿沪宁铁路向苏州进军。

先头部队过望亭后，遭敌机轮番轰炸与扫射，部队稍有伤亡。下午2时许，军指挥所和85师师部进抵浒墅关，接侦察员报告，敌123军182师布防于虎丘山、104号铁路桥有1个营，枫桥、高板桥一线有1个团，横塘有1个团。另外，木渎有1个"交警大队"。29军指挥部迅即部署85师沿铁路两侧展开，其中所属254团（叶挺团）为右翼，从浒墅关向南经史家桥攻击枫桥镇；253团为左翼，沿铁路北侧力求攻占虎丘山而后转向城垣攻击；255团随254团跟进。86师258团攻占横塘，然后插至城南控制苏嘉公路和沪宁铁路，截敌之退路；另以257团经通安桥攻占木渎；87师260团为预备队；军炮团分别配属给85师、86师指挥。

4月26日，253团向苏州挺进。部队从铁路上行军，许多北方战士未见过铁路，开始走起来还觉得很稀奇。铁路枕木间距比人的脚步短，旁边又沿路铺着乱石，走不了几步，许多人就觉得眼花缭乱，改走旁边的乱石路，但脚又踩不稳。尤其是重机枪排和炮兵排的同志，抬着笨重的武器，迈步更艰难。追歼逃敌的任务紧迫，大家情绪很高，走不惯也硬着头皮走。大家沿铁路北侧向虎丘方向前进，要完成解放苏州的光荣任务。

可是，走着走着，宽阔的西塘河挡住了他们。

黄桥群众搭浮桥渡大军

1949年4月26日下午3时左右，正在西塘河河边劳动的黄桥乡青台村潘家角（现相城区黄桥街道占上村青台）的尤洪泉等村民,听到河对岸有陌生口音在呼喊。抬头望去,见对岸有十几个身穿黄军装的人。战士们向他们边招手,边呼喊:"老乡,不要害怕,我们是解放军,想请你们帮助部队渡河。"尤洪泉等人很快明白,来的部队是解放军,要去攻打苏州城,马上要渡西塘河。尤洪泉跟其他群众一样,早有耳闻,解放军要解放苏州城。

西塘河位于浒墅关黄花泾东,南北走向,是保安、长青乡与黄桥、虎丘乡的界河。西塘河全长12公里,宽15—20米,深3.5米,水流很急。尤洪泉等人知道情况紧急,立即赶回村庄里,找到同村的张阿根、潘泉生、苏根保等人,三言两语说明了情况,大家再分头找同村、邻村的农民借船。众人一听说是解放军要过河,便都摇着自己的船来了。不一会儿,渡口已聚集了五六十条船,其中大部分是捞水草船,体积不大,仅可载重两三吨。

第一批战士开始摆渡,几个人踏上小船,船身摇晃个不停。有经验的船工努力掌握着平稳,小心翼翼地摇过西塘河。几趟过后,小船上险情迭出。有一只船经不起颠晃,人马一起翻入河中,一支冲锋枪也掉入了河中。大家暂停摆渡,开始想办法。

"有了!"尤洪泉突然兴奋地叫了起来,"我们把船分两排连接起来,再去各家借门板铺在上面架成浮桥,解放军不就可以直接过河了吗?"

大家都说这是个好注意。于是大家分头去借了180多块门板和一些木板,回到河边开始架浮桥。他们将两排木船顺流并排,船头与后梢都抛锚定位,船与船之间用铁链、麻绳绑成一个整体,船头、船舱、船艄上铺满门板、木板和船板,一座浮桥很快搭好了。

部队首长带了一小批人马试过浮桥,果然效果很好。接着,首长一声令下，大队人马有条不紊地通过，到达对岸，继续行军。重武器则由多个战士齐心协力，喊着号子推过浮桥。另外十几条没架作浮桥的小船也一刻不停地来回穿梭，把轻装人员摆渡过河，一时间，一向沉寂的西塘河渡口人呼马嘶，橹声咿呀，两岸军民呼唤互答，热闹非凡。

一批队伍过完，大家把快磨断的麻绳换上了新的，踩坏的木板也换掉，这样加固后，浮桥更稳定了，大家就准备迎接第二批队伍到来。大家看着解放军一批一批地过浮桥，直到253团的解放军全部过河，心头既兴奋又激动。

当夜，253团进至黄花泾，遇守敌抵抗。次日拂晓前，253团从三面展开攻击，守敌撤逃，部队继续沿铁路北侧向城区进发。

253团完成解放苏州的任务

1949年4月27日，是苏州历史上有着重大转折意义的日期。此日拂晓，中国人民解放军10兵团第29军以85师为前锋，进入苏州古城。工人、学生、市民纷纷涌向街头，高呼"天亮了，解放啦！"，热烈欢迎人民解放军入城。

由于国民党部队逃跑时的破坏和敌机的轰炸，苏州地区的路、桥遭到严重损毁，必须及时修复。为此，动员一切力量，协助部队日夜施工，指战员和民工风餐露宿，任凭敌机狂轰滥炸都不停工。自5月10日至6月12日，经全力抢修，完全恢复了锡沪、苏嘉公路交通，计修复桥76座、182孔，公路30.9公里，动员技工32632人。不久，苏锡、苏昆、苏太、锡常、常太、太浏、苏嘉、湖苏常等公路相继修竣。

因在渡江战役中的突出贡献,经第10兵团批准,253团二营被授予"渡江作战模范营"荣誉称号;一营二连被授予"二等功臣连"荣誉称号;二营通信班、四连一班、五连六班、三营八连一班被授予"一等功臣班"荣誉称号。此外,253团班长杨玉林、刘贵林、黄孔明、副班长朱友奎等被授予"特等功臣"荣誉称号。顾汉林、胡久敬等人被人民解放军第一渡江司令部授予"渡江特等功臣""渡江一等功臣"等荣誉称号。

李觉：铁骨铮铮的共产党员

李觉，一名抗日战争时期在黄桥浴血奋战的共产党员，抗战胜利后被国民党反动派逮捕入狱，惊动了周恩来亲自营救。

1945年8月15日，日本宣布无条件投降。9月30日，驻吴县日军正式缴械投降，吴县人民经过14年的浴血奋战，终于和全国人民一起取得了抗日战争的最后胜利。

抗日战争胜利后，国内外形势发生了重大变化。国民党反动当局加紧调兵遣将，抢夺抗战胜利果实。中国共产党为了避免内战，争取和平建国，与国民党经过谈判签订了《双十协定》，主动让出南方8块解放区。1945年10月、11月，吴县苏西、苏西北地区的党政军人员共700余人先后渡江北撤至苏北。两地仅有少数留守人员组成江南留守处，处理善后事宜，赵建平任苏锡县留守处主任，李觉和金瑞生等35人留守在虎丘以北的黄桥鱼池弄一带。

根据党中央指示，留守人员的任务是领导百姓进行反抽丁、反拉丁和反苛捐杂税等斗争，保护百姓利益，打击国民党反动势力，镇压敌特和其他反共顽固分子，鼓舞群众斗志，争取团结爱国民主进步人士，瓦解敌特阵线，积蓄力量，等待时机，配合全国解放。为适应当前形势，留守处成立武装工作队，黄桥区有6人组成武工队，简称"小苏北武工队"，李觉任指导员，金瑞生任队长，杨阿考、项德等任队员。

自11月下旬起，大批北撤人员刚走，蒋介石就撕毁协议，国民党反动派立即操起屠刀，对吴县苏西、苏西北地区实施分区"清剿"，想方设法搜捕新四军留守人员。11月21日到24日，驻江南留守处的干部去无锡开会，被得到消息的国民党"保安队"包围，40多名苏西北地区地下党员、新四军和抗日骨干被逮捕，其中有赵建平的妻子钱佩芝、县特派员戈仰山、吴县原财经干部唐云鹤、区委书记邹显文及一农民蔡志寿，除蔡志寿外，其余都被杀害在常州天宁寺。

11月下旬，为了沉重打击敌人嚣张的反共气焰，小苏北武工队在得知原黄桥抗日游击小组成员杨阿三、许伯明被叛徒张恒山带领国民党"保安队"抓捕后，决定用"抓人质救亲人"的计策，捉了叛徒家属为人质，并要保长去向张恒山送信，交换人质，使杨阿三、许伯明脱离险境。过后，小苏北武工队又镇压了东桥镇自卫团团长张桂华，伏击了邱家乡（现姑苏区）的靖太"保安队"。12月初，在虎丘三佛桥镇压了黄桥占场中统特务杨景春。

1946年1月12日晚，李觉、金瑞生、杨阿考三人准备去镇压杀害黄桥区委委员钱克的凶手顾老虎、王顺民等人，宿营在虎丘山东的梅林庙阁楼上，被庙祝出卖。13日晨，黄桥"保安队"30多人包围了庙宇。当敌人想冲上李觉他们居住的小阁楼时，李觉等三人甩出手榴弹，敌人即逃出庙门，用机枪扫射梅林庙大门，李觉等三人沉着回击。激战约10分钟后，三人商定突围，李觉跳下阁楼时跌昏在大殿上，踝骨扭伤，金瑞生、杨阿考误认为李觉已牺牲了。李觉醒来时，见庙门开着，有一股浓烟，知敌人准备放火。

瞥见门口有两个敌人,李觉即发枪射击,敌人连忙避躲,李觉随即冲出庙门,见门前有一条庙河,也顾不及刺骨寒冷,立马跳河泅水到对岸。敌人对李觉射击,均未击中。李觉全力回击,但子弹已尽,冲过10余米,又遇一条冰河,将驳壳枪塞进河泥里,再上岸赤脚又跑了20余米,被埋伏在坟上的敌人冲过来抓住。

李觉被捕后,方知金瑞生同志跳楼时,刚下地即被敌击中,光荣牺牲,杨阿考则左肩中弹被捕。李觉和杨阿考被捕后,受到了吊飞机、灌冷水等各种刑罚,敌人还将李觉衣服剥去,只剩一短衫裤,用皮鞭、硬棍进行毒打。

1946年4月,苏州监狱关押的300多名"政治犯"开展绝食斗争,迫使国民党当局分批释放172人,其余人员被改为"刑事犯"。

李觉在吴县苏西北工作时,黄桥北庄基有个大地主沈伯涛,曾做过昆山伪县长,群众揭发其家有藏枪,李觉曾将他送县监狱关押,他交出长枪3支、短枪1支。他怀恨在心,伙同10余个地主,向高等法院起诉,诬告李觉、杨阿考是两只老虎,请当局不要放虎归山。又收买被李觉镇压的汉奸、土匪家属联名向法院诬告。李觉在被判刑前,写了一封密信,托爱人宿惠芬到南京梅园新村卅号向周恩来同志报告和求援。信内容有三点:一、揭露国民党释放政治犯不全面、不彻底,现改以普通犯迫害;二、谈李觉和杨阿考、郑重、滕小良等将以杀人罪名判死刑;三、说明李觉曾在新四军军部听过周副主席的报告。宿惠芬去南京,见站岗的是国民党兵,未敢入内。

8月15日,李觉写了第二封密信,过了几天,妻子探监时把密信带出监狱,李觉吩咐宿惠芬去南京一定要见到周恩来副主席,不管门警如何阻拦,也要冲进去。宿惠芬隔天就去了南京,到了梅园新村卅号,冲进了院子,一个姓李的女同志接待了她。宿惠芬手抱女儿,迫不及待拿出30个麦饼,连破5个,找到了藏有密信的麦饼,呈了上去。那女同志看后嘱宿惠芬稍坐一下,就进里面去了。不多久,一位身材高大、双眉浓黑、面容慈祥的人走了出来,对宿惠芬说:一、请律师;二、要坚持斗争;三、一定营救李觉和其他同志。

宿惠芬路上来回花了3天时间,回来后来看李觉,转达了上级指示。宿惠芬不认识那位同志就是周恩来副主席,新中国成立后在电影和报刊上看到周总理,才认出原来就是当时接见她的人。没隔几天,难友中传来一条激动人心的消息,在《中央日报》上(《无锡报》《苏州报》都转登)报道,中共代表周恩来先生,为在押犯李觉等呼吁援救。内容是:李觉是新四军人员,在抗日中所惩处的是汉奸,应按"政治犯"释放,强烈抗议国民党当局破坏《双十协定》,扣押"政治犯"的罪恶行径。李觉听到这一消息,高兴得热泪盈眶,感谢党的营救和周恩来副主席的恩情。

周恩来副主席还为被关押在吴县地方法院的滕小良出具证明,并抗议不应将关押的"政治犯"变为他罪关押。敌高等法院鉴于周恩来副主席的抗议及各界声援的压力,只得改变原判,改判李觉20年,杨阿考15年,郑重6年,滕小良5年,李觉和同志们这才免遭敌人杀害。

1983年,在中央档案馆查明,周恩来同志在接见宿惠芬后的第二天即致函国民党和谈代表邵力子,邵又于当天致函江苏省省长王懋功。王于三天后致函江苏高等法院苏州分院院长韩焘。《苏州报》载,因韩院长外出,待归来后对李觉案重新审议。

由于以周恩来为首的中共代表团的多次交涉,申明严正立场，国民党当局被迫作出让步，李觉在苏州解放前夕出狱，回到革命队伍，积极投入迎接解放大军横渡长江的斗争。新中国成立后，李觉回到了他的家乡无锡工作，担任无锡纪委书记，退休后每年要来黄桥各个学校给学生讲课，并去瞻仰金瑞生烈士墓。

杨阿考：英勇无畏的黄桥武工队员

杨阿考，又名杨晖，1921年11月出生，吴县黄桥乡河西村（现相城区黄桥街道北庄村）人。杨阿考生于一个贫苦农民家庭，10岁时因生活所迫到大户人家去看牛，14岁开始当长工。

1937年11月19日，吴县沦陷。不久，日寇进驻黄桥，为所欲为，无恶不作。河西村是通往苏州城里的必经之地，日寇进驻以后，设立岗哨、路障，过往行人不但要向哨兵鞠躬，还要被搜身，如不带"良民证"，当场就要被打、被抓，黄桥人民受尽了凌辱。日军烧杀抢掠的暴行激起了杨阿考的刻骨仇恨。1943年5月，中共无锡县委派赵建平等共产党人到黄桥宣传抗日，发动群众参加抗日组织，开展反"清乡"和抗租抗税斗争。他们的革命行动给杨阿考极大的鼓舞。

在地下党奚超然、顾明、李觉、钱茂德和赵建平等人的启发引导下，杨阿考毫不犹豫地投身革命，积极参加地下党的秘密革命活动，为地下党、新四军递送情报和散发传单，打击了日伪反动势力的嚣张气焰。

1945年7月初，苏州县抗日民主政府在黄桥方浜村宣告成立。军民们精神振奋，决心多杀敌人，庆祝民主政权的诞生。

1945年7月中旬，中共黄桥区委书记李觉得悉驻湘城伪保安中队将于第二天调防，便到北庄基与游击队员杨阿考、周水根、李小生一起商量歼敌计划。他们决定乔装去苏（州）常（熟）公路蠡口车站（伪军中队必经之地），以检查过往车辆为名，伏击敌人。第二天一早，杨阿考和周水根、李小生在李觉的带领下，在县短枪队队长金瑞生的支援下打了场漂亮的伏击战，俘获伪"保安队"中队长倪章峰等7人，缴获短枪8支。

1945年10月，江南新四军奉命北撤，国民党反动势力乘国共第二次合作之机卷土重来。杨阿考继续留在"小苏北"地区斗争。当时成立一个武工队，李觉任指导员，金瑞生任队长，队员为杨阿考等人。

1946年1月12日，为抗击杀害黄桥区委委员钱克同志的敌人，杨阿考和李觉、金瑞生等3人从东桥出发，在晚上9点多钟，到达苏州火车站西北方向的梅林庙，金瑞生说庙里的老和尚人不错，和他的关系也比较好，他先进去和老和尚商量商量在庙里住宿。结果很顺利，老和尚答应让大家住下。13日晨，楼下传来声响，似有敌人逼近，武工队3人立即披衣持枪备战。敌人集中火力扫射梅林庙，曾几次试图破门冲进庙内，都被3人用手榴弹击退。面对敌人火烧烟熏的危急形势，3人决定突围。金瑞生从阁楼窗口飞身跳出，欲向麦田飞奔时，被黄桥"保安队"队员王连生的枪弹击中胸部，壮烈牺牲，杨阿考、李觉不幸被捕。

杨阿考和李觉被捕后，法院以杀人犯罪判处两人死刑。经周恩来同志电函邵力子先生转当时江苏省省长王懋功，义正词严，据理驳斥，要求以"政治犯"予以无条件释放。最后县地方法院被迫改判两人为有期徒刑。后经组织多方营救，两人终于在苏州解放前夕获释,走出了监狱的大门,踏上了新的征程。

苏州解放后,杨阿考于1949年至1951年在黄埭乡工作,任中队长;1951年至1954年,任生产委员兼治保主任;1954年至1959年,任黄桥信用社主任;1959年至1962年,任黄桥供销社副食品经理;1962年至1967年,任河西大队支部书记;1983年起,任黄桥公社工办副主任;1984年4月6日,杨阿考办理了离休手续。

黄桥英烈：血染的风采

黄桥是一块红色的热土！

黄桥烈士纪念碑长眠着18位英勇献身的革命先烈，其中，9位烈士为建立新中国而捐躯，4位烈士在抗美援朝战场上献身，1位烈士在对越自卫反击战中牺牲，还有4位烈士为新中国的社会主义革命和建设事业殉职。

时光荏苒，挥不去那一段段硝烟弥漫的岁月；风雨沧桑，带不走那一张张坚毅不屈的面孔。向死而生，是根植于每位英烈灵魂深处的血性基因，这背后有浓浓的亲情和刀枪的碰撞，更有信念的铸造和对誓言的践行。大地英雄气，千秋尚凛然。让我们追寻烈士们的光辉足迹，缅怀他们的丰功伟绩，弘扬烈士精神、传承红色基因，努力创造无愧于时代、无愧于人民、无愧于先烈的辉煌业绩，为奋力谱写黄桥高质量发展的精彩篇章，实现中华民族的伟大复兴而砥砺前行！

倒在冲锋的路上

1945年5月，新四军下江南，为壮大敌后抗日武装力量，在无锡玉祁突围时,冲锋在前的李虎根不幸中弹身亡,年仅22岁。

1923年,李虎根出生于黄桥金家角一个贫苦农民家庭里。由于家中贫苦,十二三岁时,李虎根就跟随父亲去苏州城里卖柴草、看船、扭绷、摇船。农忙时,帮父母干农活。

1943年,赵建平等共产党人来到黄桥地区,宣传抗日保家救国的思想,揭露日军侵华罪行,动员民众团结抗日,建立抗日游击小组,李虎根成为抗日积极分子,为游击小组传送情报。1944年6月,经木巷秘密联络站的李正祥介绍,李虎根与同村青年杨秀兰等,秘密通过敌占区层层关卡,安全到达苏北新四军江南办事处,被编入办事处江南连。经过3个多月的军事训练和政治、文化学习,李虎根成为一名正规的抗日军人。

牺牲近40年被追认烈士

1945年5月,抗日战争进入决战阶段,新四军南下到常州、无锡一带打击敌人。9月,随部队在无锡荡口打击敌人的胡泉生,在玉祁的战斗中光荣牺牲,年仅25岁。

胡泉生又名麦大大,1919年出生于黄桥砖场金家角一个农民家庭里,是家中独子。抗战全面爆发后,新四军来到黄桥地区开辟抗日根据地,胡泉生秘密参加了抗日游击小组,主要负责收集情报、传送情报。

1944年4月,经李正祥介绍,胡泉生同其他爱国青年一起到达苏北新四军江南办事处,经过3个多月的严格军事训练和政治、文化学习,成为一名正规的抗日军人,被编入新四军江南办事处十分区江南连长枪班。

1984年8月15日,吴县人民政府追认牺牲了近40年的胡泉生为革命烈士。

妻子等到的是他牺牲的噩耗

1945年新四军北撤,夏阿夯在东台丰利战斗中壮烈牺牲,年仅29岁。

夏阿夯,1916年出生于黄桥占上一个贫苦农民家庭。夏阿夯是家中独子,父母担心小孩遭灾,取名"阿夯"。少年时,夏阿夯读了几年私塾,成年后在家务农和养鱼。抗战全面爆发后,苏州地区沦陷,侵华日军到处无恶不作,罪行累累,夏阿夯看在眼里,恨在心里,对日寇充满了仇恨。1943年5月,赵建平等共产党人在黄桥地区开辟敌后抗日根据地,夏阿夯秘密参加了抗日游击小组,组织民众抗拉壮丁、抗收税,开展减租息斗争。

1945年新四军北撤,夏阿夯接到上级命令,随大部队北撤。临行时,夏阿夯的妻子已有身孕,他叮嘱妻子不管生的是儿子还是女儿,一定要好好照顾,等他回来。可是,妻子等到的是丈夫牺牲的噩耗,她强忍悲痛,坚强地生下了女儿夏阿大。女儿长大后,继承了父亲的高尚品德,勤俭持家,乐于助人。她说,要像她父亲一样,做人坦坦荡荡,做一个有爱心的人。

拉响手榴弹与敌人同归于尽

1945年9月9日凌晨2时,苏州县的县、区两级武装200余人兵分三路进攻陆墓。战斗中,身为县警卫连班长的苏火生冒着敌人的枪林弹雨冲在前面。部队从北大桥攻到镇上时，苏火生腿上中了一枪，但他继续向前扑去，肩上又中枪。他身体晃了晃，忍着剧烈的疼痛倚靠在墙上和敌人对射，后又不幸身中数枪。他知道自己不行了，便把手枪交给了身旁的战友，叫大家赶快撤退，他依然坚守阵地，甩出最后一颗手榴弹后壮烈牺牲，时年23岁。

1923年9月，苏火生出生于黄桥青台村潘家角一个贫苦的农民家庭。1944年8月，黄桥占上金家角来了个"小先生"马如飞（化名），跟随针灸老先生王文达学针灸医术。他白天替人看病，晚上在月光下讲故事，《薛仁贵征东》《薛丁山征西》《水浒传》《三国演义》等背得滚瓜烂熟、讲得有声有色，吸引了一大批青年和老年人前来听书。不久，"小先生"结交了很多知心朋友，秘密地发展抗日革命力量，苏火生就是其中之一。同年，苏火生去苏北参加新四军。1944年底，因工作需要，苏火生随李易时返回苏锡地区打游击，主要活动在黄桥一带鱼池弄地区。

牺牲在芦苇丛中

1945年9月，新四军某部在玉祁镇东南方向的邹家村宿营休息，不料被反动武装"忠义救国军"发现。经过两个多小时的激战，新四军打退了敌人的多次进攻，战士顾林生身受重伤，鲜血直流，后隐蔽在芦苇丛中，但还是被敌人发现，惨遭枪杀，年仅19岁。

顾林生，1926年出生于黄桥大庄村民安河南巷。1943年5月，赵建平等共产党人来到黄桥地区开辟敌后抗日根据地。1944年6月，顾林生经木巷秘密联络站介绍，到达苏北新四军江南办事处驻地黄家市，被编入新四军。

1945年6月上旬，全国抗战转入反攻阶段，顾林生随新四军包厚昌部队下江南开辟敌后抗日根据地，发展地方抗日武装力量，打击日伪势力。根据上级指示，包厚昌部队攻打敌伪据点荡口镇，这次战斗缴获枪支50多支、子弹2000余发、手榴弹100多枚。顾林生在此次战斗中冲锋在前，奋勇杀敌。

战斗中倒在敌人的枪口下

1945年9月的一天，无锡北土桥，新四军某部与来势汹汹的"忠义救国军"王品珊部接火，一排三班的战士金盘泉不幸中弹牺牲，年仅22岁。

金盘泉，1923年出生于黄桥砖场金家角。1943年5月，中共锡东县委派遣赵建平来到黄桥地区开辟敌后抗日根据地，建立抗日游击小组，金盘泉秘密参加了游击小组，担任情报联络员。1944年4月，金盘泉经李正祥介绍，通过敌占区层层封锁，顺利到达苏北新四军江南办事处驻地黄家市，被编入苏北新四军六分区江南连一排三班。

1945年5月，新四军南下，壮大江南抗日武装力量，打击日伪势力。抗日战争胜利前后，金盘泉随部队驻在无锡北土桥一带，迎接主力部队南下大反攻。8月中旬，部队接到敌情报告，二三百人的王品珊部配了5挺机枪，窜入北土桥东北面的方唐巷，并抓走了上街买菜的司务长毛荣生。部队根据侦察掌握的敌情，迅速制订了作战计划，全力粉碎敌人的阴谋。战斗中，英勇的金盘泉不幸倒在了敌人的枪口下。

活跃在"小苏北"的金队长

1946年1月12日晚,新四军黄桥区武装工作队队长金瑞生,队员李觉、杨阿考三人潜伏虎丘东,准备镇压杀害黄桥区委委员钱克的凶手顾老虎、王顺民等人,因夜深凶手隐匿,便借宿于金巷桥梅林庙阁楼上。凌晨,梅林庙庙祝趁上街买豆腐之际,向黄桥"保安队"告密。黄桥"保安队"当即出动30余人包围了梅林庙,金瑞生等人奋力抗击,激战约10分钟后,金瑞生在突围中胸部中弹牺牲,李觉、杨阿考被捕。国民党为了恐吓百姓,把金瑞生的遗体抬到黄桥镇上游街示众。

金瑞生,小名金水根,1915年出生于黄桥方浜村一个贫寒的雇农家庭。抗战爆发时,金瑞生只身在苏州城里跑小生意,认识了同乡陈惠珍,两人情投意合,结为夫妇,后来成了革命伉俪。新四军东进,在苏南地区建立江南抗日义勇军(简称"江抗"),金瑞生成为抗日积极分子。1943年,金瑞生加入中国共产党,在黄桥、虎丘、长青、蠡口、陆墓地区宣传抗日救国的道理,物色动员30余名热血青年去苏北参加新四军。当年,他为了便于开展工作,在家乡方浜村开了一家小茶馆,作为一个联络点,由妻子陈惠珍负责接待各方面来的革命同志。

接过战友的枪打敌机

1946年6月下旬,国民党全面发动内战,投入46.3万军队大规模进攻苏北、淮北等华东解放区,出动大量飞机对苏北解放区进行狂轰滥炸,新四军积极防御,有力反击国民党军队的进攻。

虽为通信员,但汪梅生也进入阵地参加了战斗。1946年8月的一天,汪梅生在苏北东台白驹镇传达文件,进入阵地时正遭国民党飞机轰炸,他不顾飞机的狂轰滥炸,接过战友的武器向敌机开火。这时,一架飞机对着他俯冲下来,一阵机枪扫射,汪梅生连中数弹,不幸牺牲,年仅18岁。

1928年出生于河北的汪梅生,是日寇入侵后随父母逃难到黄桥的,父亲在黄桥街上摆馄饨摊,汪梅生和哥哥汪三喜当小助手,帮助父母打理生意。

抗战全面爆发后,黄桥成立了抗日游击队,汪梅生积极参加抗日活动,为游击队传递情报,放哨望风,成为一名抗日积极分子。1945年7月,抗战转入反攻阶段,在黄桥方浜成立苏州县民主抗日政府,汪梅生在党的召感下,来到苏北新四军江南办事处,成了新四军特务团炮兵营的通信员。由于他机灵、勇敢,干事勤快、利落,首长和战友都很喜欢他,又因他年龄小,都称他"机灵小鬼"。

青春热血洒在他乡

1946年11月,在第二次涟水保卫战中,新四军某部战士沈阿金与战友坚守阵地,打退了国民党47师数次进攻,敌军进攻受挫后,进行疯狂反扑,调动大批飞机、大炮轰炸涟水城,涟水城曹家大桥被炸,沈阿金不幸阵亡,年仅22岁。

沈阿金是黄桥徐家坟人。1943年5月,中共锡东县委派遣赵建平等共产党人来黄桥开辟抗日根据地,沈阿金秘密参加了黄桥抗日游击小组,为党组织收集、传送情报。1944年6月,经赵建平介绍,沈阿金等爱国青年去苏北江南新四军办事处接受培训,经过三个多月的军事训练和政治、文化学习,成为一名正规的抗日军人。培训结束后,沈阿金回到黄桥一带的鱼池弄地区进行抗日活动。1945年4月,沈阿金经上级同意,上前线当兵,被编入新四军6师16旅46团,随部队多次参加攻打苏中长兴地区伪军据点的战斗。在战斗中,沈阿金英勇善战,多次获得嘉奖。

1946年6月26日开始,国民党出动60余万军队大规模进攻苏中解放区,华中解放军积极防御,沈阿金随部队两次参加了涟水保卫战,最终把自己的青春献给了涟水。

放弃婚约奔赴战场

1948年6月7日,新四军某部侦察连组长李小白带领战友奉命深入敌占区侦察敌情,深夜于返回途中,在山东白米地区被冷弹击中头部,不幸牺牲,时年24岁。

李小白,1925年出生于黄桥生田金山顶。1943年5月,中共锡东县委按照上级指示,开辟"小苏北"地区抗日根据地,赵建平来到黄桥开展抗战工作,建立抗日游击队。第二年7月,经赵建平介绍,李小白前往苏北新四军江南办事处参加培训,培训结束后,回到黄桥鱼池弄地区参加游击斗争。由于他机智灵活,应变能力强,上级经常派他去传送情报和跟其他地区的抗日组织联络。他穿梭于黄埭、无锡荡口等地,不畏艰险,还经常打扮成农民模样,头戴草帽,身穿粗布短褂,脚穿草鞋,腰束褶裙,外出探听敌情,护送抗日同志出入。

1945年10月,他父亲准备帮他办婚事,但他毅然放弃婚约奉命北撤,加入了新四军华东警备6旅16团侦察连,不久就当上了侦察连组长。

李小白牺牲后,弟弟接过哥哥手中的钢枪,参加了中国人民解放军,为哥哥的未竟事业而继续奋斗。

失踪在朝鲜战场上

1953年抗美援朝战争胜利后,在烽火山陆地上失踪的中国人民志愿军68军202师605团3营7连战士李耀忠被追认为革命烈士。

李耀忠乳名李阿二,1929年出生于黄桥下庄(今生田村)一个贫苦农民家庭里。父母养育三子,因实在无法维持全家生计,便把年幼的李耀忠送进黄埭城隍庙当了小和尚。新中国成立后,土改时李家分得了田地,李耀忠还俗回到了家乡,与父母一起干农活。

1951年3月,李耀忠报名参加了中国人民志愿军,当年6月26日随部队入朝参战。1951年9月29日,"联合国军"为获取停战谈判的最大利益,向志愿军阵地发动了"秋季攻势"。10月,68军奉命向前线开进,一部在文登里一带防务,另一部配合友军在金城以南投入战斗。10月15日,605团配属67军作战,李耀忠先后参加了轿岩山、烽火山一线的阻击战。

在阵地上,李耀忠和战友们面对美韩军的炮击、轰炸和气势汹汹的"坦克劈入战",机智勇猛地同敌人周旋,进行殊死搏斗。12月,在一次战斗中,李耀忠在阵地上失踪,年仅23岁。

3位烈士长眠在异国他乡

在朝鲜江原道杨口郡，安葬着顾炳元、陆阿小、陆祥保3位黄桥籍烈士。

顾炳元出生在黄桥上庄村（今生田村），陆阿小和陆祥保出生在黄桥大庄东堰头，陆祥保曾在1950年参加了吴县太湖、漕湖剿匪活动和镇压反革命活动。1951年，顾炳元、陆阿小、陆祥保分别报名参加了中国人民志愿军，被编入中国人民志愿军68军202师605团机炮连当战士。当年6月26日，奉命随部队入朝参战。1951年9月29日，"联合国军"发动了"秋季攻势"，向志愿军阵地反扑。1951年10月，68军奉命向前线开进，一部在文登里一带防务，另一部配合友军在金城以南投入战斗。

10月15日，605团配属67军作战，先后参加了轿岩山、烽火山一线的阻击战，阻击"联合国军"的"秋季攻势"。烽火山位于朝鲜中部的金城南偏西不到5公里处，紧靠三八线，是美军楔入我军前沿的突出部，正是敌我争夺激烈的地区。面对敌军的炮击、轰炸和气势汹汹的"坦克劈入战"，志愿军战士依靠不怕牺牲的精神同敌人周旋，殊死搏斗。11月8日，23岁陆阿小和22岁的陆祥保在阵地上被炸身亡；11月27日，20岁的顾炳元也献出了自己年轻的生命。

演习途中遭遇不幸

1961年，盘踞在台湾的蒋介石声称要反攻大陆，我人民解放军进入了战备状态。6月5日，在沈阳市军区某部的一次军事演习中，年仅19岁的战士项金水不幸殉职。

项金水，1943年出生于黄桥项家村。1960年，他报名参军，成了沈阳军区高炮101师502团2营6连战士。参军后，他每天早晨提前起床，悄悄地扫地、擦窗户，还常常为同志打好洗脸水，帮战友洗衣服，得到战友的好评。

要掌握娴熟的炮兵业务，对于只有小学文化的项金水来说是相当艰难的。他知难而上，操课期间和战友们一起苦练，休息时间就给自己"开小灶"加练，很快地掌握了炮兵的基础知识和基本技能，成为班里的业务尖子。

青春奉献给国防事业

在庄严肃穆的黄桥烈士陵园里，安放着一张烈士照片，稚气的眼神，露出几股灵气；朴实、憨厚又稍带几分机警。这位革命烈士，就是为国防施工而献身的陆保元。

陆保元，1940年1月出生于黄桥方浜村一个农民家庭。他从小就有当兵卫国的志向，但因父亲当过伪保长，成了家庭历史问题。直到1959年春季征兵开始后，陆保元跟大哥陆德元在田头开灰潭，有人通知他去体检，他开心地跳了起来，拔腿就走，手脚也来不及洗干净。经体检，他身体健康。3月，他终于如愿以偿，光荣入伍。

陆保元服役的部队先后在无锡、常熟地区进行国防施工，打坑道，而陆保元是坑道风钻手。在施工中，他总是抢在前、干在先，扛石头，别人扛一块，他要扛两块。他常说，只要能出色地完成任务，再苦再累也能顶。陆保元因表现出色，不久就加入共青团。后来，担任副班长、班长，多次获得部队嘉奖。

由于当时施工条件差，坑道内粉尘弥漫，成年累月，陆保元不知不觉得了硅肺症。1965年冬，陆保元退伍回家时，咳嗽已经相当厉害。1966年3月，经苏州地区硅肺技术小组诊断为Ⅱ期并发结核病，鉴定为一等残废。1967年1月11日，陆保元虽经多方医治、抢救，但终因医治无效而停止了呼吸。

生命停留在抗震救灾第一线

1976年6月30日，山西某部迫击炮营奉命到内蒙古清水河县抗震救灾，帮助当地群众采石运石，重建家园。7月8日，连队照常在山上打炮眼、采石、运石。为了安全起见，一般都安排在中午吃饭或傍晚收工没有人时爆破炮眼。11时15分，大家都去吃午饭了，工地上仅留下指导员和4名点炮员，身为班长的马家良是其中之一。马家良小心地用火柴点燃4根导火线就撤离到安全地带，3个炮眼中的火药都准点爆炸，但还有一个炮眼没有爆炸。马家良不知其原因，以为没点着导火线，于是跑过去查个究竟，当跑到炮眼边时，炮眼突然爆炸，气浪将他抛出一米多远，人又从七八米高处摔下来，眼、鼻多处受伤，胸部被小碎石片砸出了2个血洞。连队及时将马家良送往清水河县人民医院，师卫生队医务人员也前往抢救，但他终因伤势严重，抢救无效，于12点43分停止呼吸。

马家良1952年8月出生于黄桥马家村前村。1973年，他响应政府号召报名参军，成了一名光荣的中国人民解放军战士，在山西某部迫击炮营服役。不久，他就加入共青团，担任副班长，一年后任班长。1976年,马家良光荣地加入了中国共产党。

马家良牺牲后,当地政府专门建造了高4.7米、宽1.5米的纪念碑,供后人瞻仰、纪念。

写下血书上战场

在祖国的南疆——广西烈士陵园里,长眠着一位江苏省吴县籍的革命烈士。他就是对越自卫反击战中英勇奋战,荣立三等功的共产党员张林根。

张林根,1957年出生于黄桥乡金山顶一个农民家庭。1977年1月应征入伍,成了福州军区某部的一名通讯兵。1979年1月,张林根调入原广州军区。

1979年春,中央军委发出了严惩越南侵略者的战斗号令,决定进行自卫还击,并在各部队进行积极动员。按照当时部队决定,张林根可以留在福州。但他多次向连党支部写申请书,最后一次用血写成请战决心书。他写道:"党考验我的时刻到了,我要拿出自己的实际行动来为党争光,为保卫祖国贡献青春。"连队党支部批准了他的请战要求。

1979年2月25日,张林根在激战中身中数弹,左腿负了重伤。他用力支撑着身子,斜靠在战壕边上,两眼紧盯着敌人。敌人又扑上来了,张林根用尽力气,端起冲锋枪猛扫,2个敌人当场毙命,他自己也被密集的子弹击中头部,壮烈殉国,年仅22岁。

姚根林：农村党支书的楷模

1996年10月16日,一个金风送爽、稻谷飘香的日子。

下午3时30分,苏州市委书记杨晓堂带领出席"苏州市农业和农村基本现代化建设座谈会"的全体人员,兴致勃勃地来到吴县市黄桥镇张庄村的千亩丰产方里。望着那金灿灿、沉甸甸的稻穗,杨晓堂拉着张庄村党总支书记、全国农业劳动模范姚根林的手,高兴地向周围的同志介绍:"老姚了不起!从青春少年到满头白发,几十年如一日干农村基层工作,带领全村人民在两个文明建设中开拓进取,走上了共同富裕的道路。老姚,称得上是农村基层干部的楷模!"

艰苦创业是他的毕生追求

姚根林,19岁当上村行政组组长,27岁入党,44岁起担任村党支部书记。

张庄村是个有着2000多年历史的偏僻小村,春秋战国时期,范蠡曾经隐居在此,筑堤养鱼,写下了著名的《养鱼经》。然而,由于历史的原因,这里的村民始终摆脱不了贫穷和落后。直到姚根林在20世纪70年代初当村支部书记时，张庄人还是萝卜干过饭，破房子安身，"肉店里一天卖不掉30斤肉，代销店一天销不出40元钱的货"。

面对现状，姚根林坐不住了。在一次村民大会上，他带着颤抖的声音说："我们都有一双勤劳的手，只要大伙儿齐心协力，艰苦奋斗，不信比不过别人，不信拔不掉穷根！改天换地，要靠我们自己！"

就在这年冬天，一场改天换地的战斗打响了！嘹亮的军号声中，姚根林带着党支部一班人，一路小跑，挑泥冲在最前面；明亮的夜灯下，又是姚根林带着党支部一班人，披星戴月，艰苦奋战。

连续6个冬春，姚根林带着张庄人豁出命来干，有时一天要干十五六个小时。终于，88万立方米的土被搬走了，原先高低不平、落差很大、坟墩遍布的近千亩半抛荒农田，变成了大小整齐划一、暗渠明沟配套、路网布局合理的"吨粮田"；昔日埂窄岸弯、大小不一、深浅不齐的700多亩鱼池，变成了埂宽岸高、池大水深、整齐划一的"千斤塘"。

首战告捷，姚根林信心倍增。此后的日子里，姚根林认准了"只要功夫深，铁杵磨成针"的道理。从家庭联产承包责任制到张庄首创的"五有六统一"农业服务模式，从"农忙务农、农闲务工"，到建设连片丰产方，发展农业机械，张庄人一步一个脚印发展现代农业。

在发展乡镇企业搏击市场经济的大潮中，姚根林还是认准了"艰苦创业"这个理。从20世纪80年代初期开始，姚根林带领党支部一班人走南闯北、赶苏州、跑上海、找信息、学技术、谈项目、筹资金。饿了，粗茶淡饭扒一碗；渴了，凑到自来水龙头下喝个够；病了，吃片药撑着再上路。

正是凭着这种艰苦创业的精神，张庄村陆续办成了彩印厂、电配厂、日化厂、乳品厂等10家村办企业，拥有了6000万元固定资产，迈进了先行村的行列。目前，全村工业产值2.06亿元，四项效益1538万元，一个欣欣向荣的社会主义现代化新农村雏形已崛起在吴中大地上。

为民务实是他的人生坐标

自从入党的那一天起，姚根林就牢牢记住了"全心全意为人民服务"这个宗旨，始终把为民办实事作为自己的人生坐标。

五十年风雨历程，姚根林领导的张庄村党支部做了多少好事，办了多少实事，也许数不清楚，但给张庄人带来的实惠，历历在目：投资150万元，修了3620米刚性水泥路、六角道板路，张庄人从此出门不湿鞋了；投资40万元，家家用上了清洁甜润的自来水；投资16万元，各家各户装上了闭路电视；投资8万元，村民用上了液化气；投资40万元，建成张庄小学，200名张庄子女有了更好的学习环境……男65岁、女60岁以上每月可领取25元养老金；考上高中的学生，村里每年补助1000元；烈军属两季农忙有帮工，逢年过节必慰问；就是那些贫困户、五保户，姚根林也绝不忘记他们，时时送上党的温暖。

村民殷雪芬1983年嫁到张庄后不满一年，丈夫不幸病故了。突如其来的沉重打击致使屡弱的殷雪芬精神失常，脚也不慎被烧坏，生活再难自理，是姚根林派人精心照料她的生活，使她坚强地活了下来。

电配厂职工蒋傲林患有严重的心脏病,第二次动手术时倒在了手术台上,再也没有起来。悲痛欲绝的妻子李雪英哭哭啼啼找到老姚,请求集体的帮助。老姚在了解真实情况后,不仅免去了李雪英在电配厂借的医药费,而且派人送去了补助金。

五保老太陈杏林每年生活费不缺,每逢中秋节、春节等传统节日,老姚还要请她到村里吃上一顿饭。陈老太一有点头痛脑热,老姚必定派人前去探视,顺便捎上一份营养品。

对村民的关心,使村党总支有了更强的凝聚力、感召力。常听说有些村开村民会稀稀拉拉,村干部干着急,而张庄村开村民大会,一呼百应;姚根林作报告,台下鸦雀无声。村里搞农忙时,姚根林只要一声令下,无论是党总支的支委,还是村办厂的正副厂长,无论是企业的职工,还是村部工作人员,都会迅速集中到一起,干得热火朝天。如此融洽的场面,正是新形势下党群关系的生动体现。

廉洁自律是他的做人准则

在带领群众建设社会主义现代化新农村的进程中,老姚付出了心血,洒下了汗水,也赢得了荣誉,先后被评为全国农业劳动模范、江苏省劳动模范。面对荣誉,他只是淡然一笑。他认为,一个人的权威不在于他的头衔,而在于他的言行。他说,要求全村2000多名群众做到的,党员干部首先要做到;要求全村76名党员做到的,自己这个村支书首先要做到。

姚根林有个好习惯,白天转田头、车间,晚上看党报党刊。虽然他文化水平不高,可讲起报来头头是道,而且悟性、记性特别好。在党员会议上,他经常会把党的路线、方针、政策拎出来考一考大家,要求张庄的干部一定要讲学习、讲政治、讲正气,把廉洁自律作为自己的做人准则,在村民中树立良好形象。

张庄村的保险柜里,存放着两只金戒指、两件金首饰,那是五年前一位台商送给姚根林的礼物。面对黄金的考验,姚根林泰然处之。他知道,送礼物表达了台商的一片心意,当场拒收很可能伤了台商的感情,使已经谈成的项目鸡飞蛋打。礼物收归收,作为集体的一份财产,存放在村部的保险柜里,是最妥帖的办法。村民们知道后感叹:老姚真有一颗金子般的心!

也许有人会问,姚根林可能太富了?其实不然,走进姚根林的家,房子虽然比以前新了,但家具还是上代传下来的"老古董",旧桌、旧椅子、旧箱子和两把坐得穿了孔的藤靠椅依然摆在那里,电视机等所谓现代化的家电,也是20世纪80年代的东西。姚根林的老伴薛凤青说:"三子一女都在村办企业工作,不和我俩住在一起,我和老姚两个人用这点家当足够了。"

作为一个拥有千万元效益的富当家人,姚根林外出办事还是像过去那样早出晚归,不舍得进高档饭店,不舍得住豪华宾馆。集体为他配了一只"大哥大",他第一个月锁在抽屉里,第二个月转让给了村办厂厂长,理由是村里有电话打起来很方便,放在他这儿不能物尽其用,是浪费。

数十年的风风雨雨,张庄村在改革开放的澎湃大潮中村变、地变、人变,只有张庄小学校园里的那棵百年古银杏依然巍然屹立在那里。村民们说,古银杏象征着张庄村的带头人姚根林,他是张庄村的一棵"公孙树"。

李荣法：只要给他3年的时间

"李书记，你不该这么年轻就走啊！"

"李书记，你不能丢下我们啊！"

2003年12月8日，西北风裹着细雨给人们带来阵阵刺骨的寒冷。下午1点左右，从四面八方冒雨涌来的人把胡湾村1公里多长的水泥马路挤成了一条夹道，数以千计的村民自发地来到这里，为英年早逝的村支书李荣法送别，每个人的脸上挂满了雨水和泪水……

年仅49岁的李荣法，生前是相城区黄桥镇胡湾村党总支书记。这位曾在部队锻炼过7年的共产党员，在村支书的岗位上奋斗了8年零3个月，他用自己的智慧与勤奋，把经济薄弱村治理成了远近闻名的先进村；他用自己的执着与韧劲，带领胡湾人走上了富裕路；他用自己的生命与廉洁，抒写了一名共产党员为集体和群众的事业鞠躬尽瘁、死而后已的高风亮节。

"给我3年时间，定让胡湾村摘掉穷帽"

李荣法出殡的那天，70岁的刘永清老人碍于"白发人不能送黑发人"的风俗,呆呆地站在家门口流泪。这位胡湾村20世纪七八十年代的老书记,心里除了悲伤和对李荣法的敬重外,还有一分愧疚。

1995年9月,胡湾村调整党支部领导班子,听说李荣法将出任村支书时,老刘在心里投了反对票。李荣法曾当过老刘的驾驶员,老刘当然了解他的为人与能力,但他刚从大病中恢复过来,能挑起村支书这副重担吗?何况他自己还有家企业。然而,老人没有想到,为了集体和群众,李荣法竟会隐瞒病情挺身而出。

当时的胡湾村是个出了名的穷村。村里除了背负500多万元债务外,几乎一无所有。在上任后的第一次党员大会上,李荣法说出了让大伙振奋的话:"给我3年时间,定让胡湾村摘掉穷帽。"在场的刘永清更为李荣法捏了一把汗:巧妇难为无米之炊,3年摘穷能行吗?

李荣法毕竟当过私营企业的老板,抓经济自有一套。他在支委会上亮出了自己的思路:搞土地招标出让,招商引资。部分村民对此不理解,有人甚至写举报信。村民们舍不得土地的心情是可以理解的,但光靠土地种庄稼,何年何月才能翻身出头?李荣法找村里的老党员、老干部谈心,又挨家挨户上门讲解道理,直到全村人心都往一处想。

熟悉胡湾村的人都知道,这个黄桥镇的"大西北",当时连条像样的镇级公路都没有。难不成让客商坐着直升机来胡湾投资?李荣法想到了捐资修路。他自己带头拿出1万元,村上几位企业主也慷慨解囊,党员干部紧跟着纷纷自愿捐款,你500元,我1000元……一条400米长的水泥路终于修成了。李荣法给这条路起了个好名字——发源路,胡湾村发展的源泉之路。

路好了，有企业来了，但电又"掐脖子"了。当时，村里只有一台160kVA的变压器，村民照明、农业生产就占去了大半，企业用电根本无法满足。这一回，李荣法决定向企业借钱。他又是先从自家的企业里划出了1万元，带动几家企业凑了15万元，扩容了一台200kVA的变电器，解决了企业用电问题。就这样，边建设边发展，边发展边建设，胡湾村办起了100多家私营企业。除了每年上缴国家500多万元税收外，村里还有100多万元的年收入。

胡湾由穷村变成了富村，可李荣法自己的企业却从兴盛走向了衰落。当村支书前，他的工艺装饰材料厂年利润有60多万元，是村里数得上的好企业。当村支书后，李荣法全身心扑在集体事业上，根本没有精力去管理自家企业，没几年就成了亏损企业，最后只能停产关闭。

"给我3年时间，定让胡湾人安居乐业"

在送殡的人群中，有一位中年妇女哭得最伤心。她是胡湾六组村民。

她永远不会忘记，12年前，当她面对着丈夫病逝后留下的一大笔债务和正在上学的儿子走投无路时，是当时还是私营企业老板的李荣法向她伸出了援手，不仅把她安排进了自己的企业上班，还包下了她儿子的学费，直到孩子参加工作。李荣法当村支书后更是关心，逢年过节总要上门慰问，每次都要送上三五百元钱。她知道，这些钱都是李书记掏的自己的腰包。她家房屋翻建后因为缺钱没安装屋门，躺在病床上的李书记又掏钱请人给她家装上了牢固的铁门……这一桩桩一件件事情仿佛就在眼前，她哭着问苍天:"这样的好人,怎么说走就走了呢?"

是啊,在胡湾村,有谁没有得到过李荣法的关心,又有谁不从心底里称赞李荣法这位好书记? 62岁的老党员、残疾军人冯小弟怎么也忘不了李书记每年上门给他送补助费的情景,每一次想起都是老泪纵横。五组的一位项姓妇女怎么也忘不了,去年9月她住院做手术,丈夫出门在外,家里拿不出医疗费,是李书记知道后及时作出安排,帮助她渡过了难关。六组的村民怎么也忘不了,由于村里地势低洼,一年365天人们进出都要穿雨鞋,是李书记想办法解决了行路难,现在水泥路通到了胡湾村每家每户的门口……

李荣法上任时向全体村民承诺:"给我3年时间,定让胡湾人安居乐业。"为了这个承诺,李荣法付出了很多很多。刚开始几年,村里招待客人,他总是自掏腰包,连烟和茶叶也用自己的。几年来,他给村里引进了100多家企业,也为企业办了许许多多实事,而他从不到任何一家企业去吃一顿饭、抽一包烟。

1996年前,胡湾村民的饮用水大都靠邻村支援,每到用水高峰,村民们常常没水喝。李荣法看在眼里痛在心里,下定决心要为群众解决难题。村里没钱,他又不忍心让村民们掏钱,便用资源经营的办法引来一位投资商办水厂,让胡湾人没花1分钱就用上了自来水。相城建区后启动太湖水工程。李荣法又从村民们的切身利益着想,集体投资实施改水工程,把太湖水通到了各家各户。

"假如再给我3年时间,定让陈其村变个样"

李荣法的殡车渐渐离去,与李荣法并肩战斗了8年多的村主任沈林根顶着寒风冷雨依然站在村头,耳旁总是回响着李荣法生命垂危时说的一句话:"假如再给我3年时间,定让新近合并到胡湾的陈其村变个样。"他在心里呼唤着李荣法:亲爱的战友啊,我们的事业还没有完成,你怎么能撒手而去?

2003年开春后,李荣法常常拉肚子,5月份被确诊为晚期胰腺癌,10多年前勇敢地战胜过病魔的李荣法,再次与死神狭路相逢。他住进了苏大附二院,一面凭着坚强的意志与病魔作斗争,一面惦念着村里的工作和群众的生活。他最关注的是刚刚并入的陈其村。病情发现之前,他曾挨家挨户走访原陈其村的群众。当他发现那里的路、电条件较差时,立即与村干部商量,投资50多万元修通水泥路、安装变电器,老百姓对这位早有耳闻的书记感激不尽。当李荣法得病住院的消息传出后,村民们十分牵挂,心里都巴望书记身体能好起来。6月下旬,李荣法转到上海治疗,但由于病情恶化,只能回家休养。他知道,死神离自己已经不远,属于他的生命已经不多,但要做的事还很多很多。

就在这个时候,有关陈其村的工作碰到了棘手问题:该村原有企业多年欠交租赁费、管理费,总额高达30多万元,涉及二三十人。为了让集体的利益不受损失,李荣法凭着惊人的毅力每天早上7点准时到村里上班,与当事人一个一个地交谈、协商,用了近1个月的时间,圆满解决了陈其村的拖欠款难题,还与这些企业重新签订了合同。

人们没有想到,李荣法为胡湾人的利益和事业作出的努力,竟是以生命为代价!李荣法终于耗尽生命能量,永远地倒下了。村民们得知噩耗,纷纷涌向李家,许多人流着泪说:"李书记,我们的好书记!你心里装满了集体和群众,唯独没有自己!"

朱阿菊：领袖亲授"光荣枪"

在老一辈黄桥人眼里，1939年8月出生于新联10组朱家坝长村子的朱阿菊，是一位家喻户晓的人物：1958年，朱阿菊就当上了"刘胡兰突击队"队长。1960年4月23日，朱阿菊作为江苏百万民兵的代表之一，光荣地出席了首届全国民兵英模代表大会，受到了毛泽东、朱德等国家领袖的亲切接见，不仅聆听了老一辈革命家的谆谆教诲，还荣获了领袖们亲授的"光荣枪"。

荒田里种出亩产上千的高产

朱阿菊生长在一个贫农家庭，虽然没有上过学堂，可也在别人的影响下认识了一些字，居然也能一知半解地读书看报。孩提时代，她和同村的小伙伴们一起看《刘胡兰》连环画，虽然没能看懂全部内容，但在幼小的心灵里留下了英雄们勇往直前、不怕牺牲的高大形象。

1955年，朱阿菊和12名小姐妹一起，自发组成治安小分队，日夜巡逻在湖畔、地头，维护社会治安，保护集体财产。秋收期间，为了防止集体粮食被偷盗，朱阿菊和民兵们一起站岗放哨，她让其他民兵多休息,自己竟连续三个通宵守护在谷堆旁,以至晕倒在打谷场上。在一个夏收季节的晚上,劳动了一天的社员们早已入梦乡,朱阿菊带着三四个女民兵,在桥头、港口进行巡视,发现一条来路不明的小船,她们追赶了二里多路,终于抓获了一名破坏渔业生产的坏人。

由于朱阿菊吃苦耐劳,很快就成了村上的"小积极分子",在合作化运动中,她参加了青年团。这时,朱阿菊的姑母从上海回来,说要带她去上海当学徒做生意,她舍不得离开生她养她的家乡,更担心年轻人都跳了"农门",家乡的田无人种,便婉言拒绝了。在她的影响下,村里40多个青年妇女个个安心待在农村,成了农业生产战线上的一支"娘子军"。

1958年春天,朱阿菊挑起了黄桥公社朱坝大队"刘胡兰突击队"队长的担子,她和队员们在水利工地上夺得了"水利英雄"奖旗,回到单位后就又向党支部申领新任务,党支部书记朱新福便把水稻试验田的任务交给了她们。

"刘胡兰突击队"的水稻试验田共有13处,大部分是鱼池角落头的"冷沙田",其中有几块田杂草丛生。有些社员走过,看到边上插上了"刘胡兰突击队试验田"的牌子,担心这些毛丫头会吃苦头。有些队员看到这种田也信心不足,怕种不好惹人笑话。朱阿菊说:"田是人种出来的,路是人走出来的,只有懒人,没有懒田,青年人就要有在荒田里夺高产的勇气和胆量。"

在"荒田里夺高产"的口号鼓舞下,"刘胡兰突击队"掀起了一股轰轰烈烈的积肥热潮。有的在塘里取泥,有的开船去外地割青草,早出晚归,到处找肥料。莳秧开始,朱阿菊带领突击队除掉田里的杂草,立即进行翻土施肥,一层泥一层肥,每亩足足施上了三百担基肥,耙细拉平,莳上秧。活棵以后,又接连施上十多次追肥,稻苗一片兴旺,特别到抽穗扬花时,稻穗沉沉,真惹人喜爱。但由于追肥过多,搁田不透,稻子到实结长粒的时候,一阵风雨,稻子全部倒下了。朱阿菊和几个突击队队员冒雨赶到田头,一看,急得热泪直流,她用手将稻子轻轻扶起,手一放又侧倒了。她马上把情况报告给支部书记,朱新福向姑娘们介绍了县委丰产方拉绳防止倒伏的办法,大家立即投入战斗,打桩的打桩,拉绳的拉绳,当天就把倒伏的六亩稻子一棵棵地扶了起来。

"刘胡兰突击队"的试验田获得丰收,平均亩产达927斤,比一般田增产30%。朱阿菊通过搞试验田,锻炼得更加坚强了。

进京参加全国民兵英模大会

1958年底,朱阿菊光荣地出席了江苏省社会主义积极分子表彰大会。也是在这一年,全国大办民兵师,她被乡亲们一致推举为村民兵营长,成了全县最年轻的女民兵营长,并光荣地加入了中国共产党。

成为民兵营长后,朱阿菊的劲头更足了。除了组织乡亲们生产之外,她还要组织民兵们训练、学习。在训练中,她和男青年一样在烈日下摸爬滚打,每天早起晚睡,练起立、卧倒、匍匐前进,练射击,练投弹,练刺杀;在学习中,她也是从自己做起,带领民兵学习政治理论、军事理论,要求民兵们学好的,她首先学好。学习和训练之余,她就发动民兵们做好事,经常照顾烈军属和五保户,当地的五保老人都把她当作自己的亲闺女。在她的带领下,黄桥女民兵在全县民兵射击比赛中年年夺得第一名。1958年到

1975年，她先后5次当选为江苏省先进民兵代表，成为远近闻名的女强人。

1960年4月，朱阿菊正在田里劳动，突然接到上级通知要她到外地开会。到省会南京后，她才知道自己有幸成为全省民兵代表，将出席在北京召开的首届全国民兵英模代表大会。

在北京人民大会堂，朱阿菊与来自全国各地的民兵英模代表欢聚一堂。在中南海怀仁堂，毛泽东、刘少奇、朱德、周恩来、宋庆龄、邓小平以及军队的元帅们等老一辈无产阶级革命家亲切接见了与会的民兵英模。

最让朱阿菊激动的是，共和国领袖们向与会民兵英模代表授"光荣枪"。那是一支当时刚生产出来的国产56式半自动步枪，当领袖将乌黑铮亮的钢枪交到朱阿菊手中时，她双手捧着钢枪久久没有放下来。她知道手中钢枪的分量，并暗自下定了决心，一定要对得起这支"光荣枪"。后来，朱阿菊就有了一张身穿花布衫、肩扛步枪的照片。

人生道路上处处都是新起点

北京之行，成了朱阿菊人生道路的新起点。在这以后的一段日子里，她与"光荣枪"形影不离。每天晚上，即使疲惫不堪，她也总要把枪细心地擦一遍。直到20世纪80年代中期，全国对枪支实行统一管理，交枪前，朱阿菊把"光荣枪"擦了一遍又一遍。

当时，大队在"以农业为基础"的方针指导下，利用过塘鱼池扩种了90多亩双季早稻，但由于这些鱼池地势低，连下几天大雨后，种下的小秧全部被水淹没了。其中第八小队有两个鱼池已经没到秧梢,经过社员几次抢救,还是没有用,有些社员信心不足,准备放弃了。朱阿菊心想:多收一斤粮食,对国家就多一分贡献。于是,她下决心要把秧苗抢救起来。

第二天清晨,太阳还没有露头,水车声、欢笑声就划破了晨曦里寂静的田野,朱阿菊带领8个青年女社员打响了一场紧张的战斗。经过两天奋战,鱼池中的水终于车干了。可是下塘一看,部分秧苗已经烂掉,必须马上补种。她中午饭也顾不上吃,跑到有预备秧的附近张庄大队,挑选好了秧苗,回去后组织社员及时补种。

提起朱阿菊年轻时的故事,乡亲们仍记忆犹新。1963年春的一天,在一次修筑防汛围堤的劳动中,当时已怀胎即将临盆的朱阿菊,不顾乡亲们的劝阻,仍然腆着大肚子投入挑土劳动。要强的她在劳动中挑得与平时一样多,走得与平时一样快,丝毫没把自己当作孕妇。由于过度劳累,第二天,朱阿菊比预产期早半个多月把女儿生在了工地上。

从20世纪60年代起,朱阿菊义务担任新联村小学校外辅导员,从此和孩子们结下了不解之缘。她经常到学校去给学生讲故事,对学生们进行爱国主义和革命传统教育。每年"六一"儿童节或其他节日,朱阿菊总要掏出钱来给孩子们买作业本、铅笔、辅导书等礼物。多少年来,学校老师、学生换了一茬又一茬,唯一没换的就是她这位校外辅导员。

58岁时,朱阿菊从黄桥街道原新联村妇女主任一职退休,但她并没有因此"宅"在家里,而是当起了村里的义务邮递员。由于大部分村民白天上班,家里没人,她就让邮递员先把村里的信件送到自己家里,再由她转送到每家每户。这样的义务邮递员一做就是7年,她说,人生道路上处处都是新的起点,为群众服务永远没有终点。

朱阿菊的热心肠还远不止这些。方浜村拆迁,有300多位老乡邻搬进了过渡安置房。朱阿菊就隔三岔五地往集宿区跑,除了陪老人们聊聊天、谈谈心,省吃俭用的她还把女儿、儿子买给她的好吃好喝的积攒下来,一并送给老人们。

因为自己没上过学,朱阿菊每次看见村里有孩子因家里穷而上不起学,都会尽其所能地帮助他们。新联7组的一名学生考上了大学,却因贫困想选择辍学,朱阿菊知情后四处奔走,为他筹集学费。后来,华宇精密铸造公司的老板王正介被朱阿菊的热心肠感动,慷慨拿出一万元,让他顺利入学。

2017年,78岁的朱阿菊与世长辞,她的故事却依然在黄桥的老百姓中传颂着。

王福康：丝绸之路上的"特命大使"

黄桥人才辈出，曾经担任过外交部亚洲司副处长、中国驻布里斯班副总领事、中国驻蒙古国大使馆参赞、中国驻马尔代夫共和国特命全权大使的王福康便是其中的佼佼者。

王福康是木巷村人。1980年毕业于黄桥中学，1985年从洛阳外国语学院本科毕业后被分配到外交部亚洲司工作，曾任外交部高级外交官创新实践委员会副主任。

30多年来，王福康兢兢业业，为推进"一带一路"的建设，为落实"人类命运共同体"的构建，为中国特色大国外交的展开尽心尽力。

为保障习近平主席访马成功，他带队每天忙到凌晨两三点

2014年9月14—16日，中国国家主席习近平对马尔代夫进行了为期2天的国事访问，受到了马尔代夫人民的热烈欢迎。在马累国际机场的欢迎仪式上，人们载歌载舞，唱起了中文歌曲来表达中马建交42年的深厚友谊。此次2天的访问也取得了圆满成功。

在这份圆满里，王福康不但全程陪同参与完成了和马尔代夫签订各种合作协议及备忘录，而且在习近平主席出访前就精心准备着各项工作，以确保这次首访的万无一失。

马尔代夫是一个岛国，人口55万，面积9万多平方公里，由1900多个岛屿组成，其中200个已经开发，109个已经住人，70%的外汇收入靠旅游，2013年接待游客112万，其中中国游客33万人。马尔代夫有着世界最美的海，度假村都是一岛一酒店的经营模式。首都马累2平方公里，步行1圈70分钟不到，但就是这个弹丸之地，常住人口就达15万，其中还建了一个马累国际机场。

王福康是在2013年8月底成为中国驻马尔代夫特命全权大使的，之前曾任中国驻蒙古国大使馆科员、随员、三秘、二秘、一秘、大使政务参赞，外交部亚洲司随员、三秘、二秘、一秘，内蒙古自治区巴彦尔市市长助理，驻澳大利亚布里斯班副总领事等职，多次被外交部评为优秀公务员。1990年起，多次随同国家领导人出访蒙古并担任翻译。

王福康自豪地说到，这是他首次以大使身份参与外交活动，是他在几十年外交生涯中的精彩一笔。他作为大使馆的负责人，深知习主席这次访马的意义，必须对每个细节做到最完美，所以接待和安保方案改了又改。在前期工作中，王福康带领驻马使馆团队，每天要忙到凌晨两三点才能睡觉。

要搞好外交服务，更要捍卫祖国尊严

乒乓球见证了马尔代夫和中国友好关系的发展，马尔代夫参

加的首个国际体育赛事就是在中国举行的亚非拉乒乓球友好邀请赛,马尔代夫乒乓球协会主席拉帝夫在任驻华大使期间,也利用组织乒乓球比赛等活动推动了两国在更多其他领域的合作与交流。近年来,两国乒乓球体育团体的互访也取得了良好效果。王福康上任驻马大使后,以此为契机,做足中马两国之间体育交流的深层次文章。2014年3月18日,王福康代表中国驻马使馆,向马尔代夫乒乓球协会捐赠了乒乓球桌,并与马尔代夫乒乓球国家队主力选手对阵,几番回合下来,双方难分胜负,赢得观众阵阵掌声。

王福康常说,作为一名驻外大使,要搞好外交服务,更要捍卫祖国尊严。

2016年5月,针对当时沸沸扬扬的"南海仲裁案",王福康站出来说真话,揭露真相。他说,沿着古老的海上丝绸之路,中国人民最早发现、命名和开发经营南海诸岛,并将它们作为沟通友邻、沟通文明的纽带。如今,伴随着21世纪海上丝绸之路建设的推进,南海诸岛将在"开放合作、互利共赢"新时代精神指引下为地区和平和繁荣发挥更大作用。和平深植中华民族的基因,中方从不挑起冲突和对抗,南海的航行和飞越自由也从未因中方而受阻。中方愿与有关国家共同维护南海的和平稳定,实现共同繁荣。

得空就踏上讲学路,把心得传给后来人

王福康有个习惯,就是一有空就会踏上讲学路,把自己30多年的外交心得传给后来人。

2014年11月4日，在黄桥中学操场上举行了一场励志报告会，报告人就是正好探亲回乡的时任中华人民共和国驻马尔代夫特命全权大使王福康。他回忆自己在母校度过的温馨时光，与同学们进行了友好的交流互动，鼓励学生珍惜在校的3年初中时光，刻苦学习，努力拼搏，争取考上理想的高中，并声情并茂地叙述了自己在外交工作的苦辣酸甜。报告会期间，掌声不断。会后，学生们团团围住这位学长问这问那，签名留念，久久不愿散去。

2018年4月上旬，已经转岗外交部高级外交官创新实践委员会副主任的王福康，应邀走进四川外国语大学国际关系学院，进行了为期2天的系列讲学活动。

在校期间，王福康以"中国特色大国外交""全球治理中的中国方案""中国与'一带一路'沿线国家关系"等为题，为师生们带来了1场专业座谈和2场公开讲座。

座谈会围绕"中国特色大国外交"展开，王福康分别就当前中国国际地位、如何推进中国特色大国外交以及2018年中国特色大国外交的主要活动3个议题与师生们进行了深入的探讨和交流。

在"全球治理中的中国方案"讲座中，王福康结合当前新型国际关系形势分析了我国的外交新理念以及五大外交战略布局。他说，"人类命运共同体"是我国对当前参与全球制度建设所提供的"中国药方、中国方案"，在当前中国与世界关系变革的大背景下，中国应该继续推进国内经济建设，并以此为基础，稳步落实"人类命运共同体"的构建。

在"中国与'一带一路'沿线国家关系"讲座中，王福康在梳理我国周边国际形势的基础上，指出了亚洲地区区域合作的重要性。随后,他详细解读了"一带一路"倡议的基本内涵、理念外延和目标成果等。在谈及推进"一带一路"建设面临的挑战和困难时,他对在座学生提出了殷切期望,希望国际关系学院的学生能结合自己的语言和涉外专业优势,积极投身我国与周边国家关系建设的进程当中。

张元根：从渔家儿子到军分区司令

苏州虎丘山北麓的一个叫"北庄"的渔村里，走出了一位铁骨铮铮的司令员。

他叫张元根，曾经担任过石家庄军分区司令员，先后3次荣立三等功、5次获得嘉奖，并参与编写出版了一部军旅著作《军旗下走来》，用一名军人的热血，书写了一颗拳拳爱国之心。

偷盖父母印章表决心，如愿踏上保家卫国之路

张元根生于1939年11月，是北庄河东井堂人，老宅基在村内门前浜浜口，门朝东南方向，一开间门面，当中夹墙，后面还有一间，俗称"两间一夹厢"。

狭小的天地并没有束缚张元根那颗自小就活泼的心。浜水潺潺，是故乡母亲的一支血脉，就在这血脉里，张元根的童年犹如一尾自由的鱼，他和所有水乡孩子没有什么两样，练就了渔村孩子的许多生存本领。

张元根父亲叫张富良，母亲叫须阿林，都是土生土长的北庄村民。父母共生7个子女，除元根外都是女儿，元根排行老六。大

姐叫财娥，二姐和四姐夭折，三姐小时被送人，五姐叫晴英，妹妹叫元英。张元根是这个家庭的"独家头儿子"，受到家中姐妹的呵护，父母也特别宠爱他，所以少年时的他是村里出了名的捣蛋鬼。童年时代，尽管家中条件艰苦，但家里人还是节衣缩食，坚持让张元根在庄基小学读到小学毕业。

小学毕业后的张元根就走上了"工作岗位"，帮着家里养鱼，肩负起了养家糊口的责任。十七八岁的时候，张元根长成了1米78个头的小伙子，他也找到了自己第一份正式的工作——修铁路。

尽管整天奔东奔西修铁路，但张元根的心里始终有一个愿望，那就是穿上军装当一名军人。但是，这对于一个"独家头儿子"来说，不能去参军的理由比参军的更充分。

机会终于来了。1959年的征兵工作开始了，张元根写了一份申请参军的保证书，还偷偷盖了父母的印章。终于，20岁的张元根如愿踏上了保家卫国的军旅之路。

远赴非洲两国当教官，没能见上父亲最后一面

张元根是在结婚后出去当兵的，妻子叫吴振华，黄桥永兴蒋巷上人氏，与他共生两个儿子。张元根一开始是去无锡当兵的，没过多久就分派到常熟，驻扎在常熟虞山旁的某部，当上了一名炮兵。

也许是从小在村中练就的刺鱼本领特别高超，张元根凭借手指与眼睛的配合，凭借直觉和准确的判断，加上反复刻苦的训练，练就了过硬的军事技能，很快就成为部队里的排头兵。几年后，他被提拔为连级干部。

1969年9月至1971年12月,张元根被国防部先后派遣到非洲的坦桑尼亚、莫桑比克担任军事教官。在异国他乡,他悉心指导,在传授军事技术的同时,增进中非人民之间的友谊。

张元根去非洲,一待就是28个月。这一走,他的父母姐妹担忧他,妻子儿子想念他,但他心系祖国,义无反顾。就在他远离故土的时候,父亲张富良去世,他没能见上父亲最后一面。他在天涯海角的那头掩面痛哭,泣不成声。哪个有责任心的男儿会不爱自己的老父亲?只是,似乎上苍给了张元根一个特别的考验。这一走,成了他心中永远的缺憾。

儿子接过父亲的枪,子承父业成为军人世家

张元根于1971年12月回国后,被安排在河北省某部,担任团长。他把兵营当作自己的家,全心全意主持着团部这个大家庭,视士兵为子女,宽严相济,军容整肃,将军队工作做得风生水起,有声有色。

张元根深知自己作为一名领导,不仅要有过硬的专业本领,还要不断提升文化水平,只有这样才能打造钢铁一样的军营,进一步提升军队质量。20世纪80年代,张元根先后进入石家庄陆军学院、军政大学、军事学院深造学习。毕业时,全体军官学员与邓小平合影留念,这难忘而又难得的瞬间,定格在张元根的心中。

因为工作出色,张元根升任副师长,后又调任至河北石家庄军分区,担任司令员,军衔升至大校。

身为军队领导,张元根不仅自己注重不断提升和历练,还经

常教育两个儿子：好男儿要志在四方，勇敢地扛起保家卫国的责任。在他的教育、影响和支持下，两个儿子都穿上了军装，成为军人。在部队，两个儿子也像父亲那样严以律己，刻苦训练，在军队中迅速成长，发挥着越来越重要的作用。大儿子张军民成了某部营长，小儿子张为民也当上了连长。

张元根的"保家卫国"不只是嘴上说说，还付出了实际行动。对越自卫反击战打响时，他亲自把大儿子张军民和外甥女张玉兰送上了前线。

1995年，张元根告别奉献了大半生的军营退役时，受到了当时党和国家最高领导人江泽民的接见，这是一名职业军人永远自豪、幸福的时刻。

金泉元：深耕三尺讲台的寒门学子

他是黄桥人的骄傲。

金泉元，一名出生在黄桥的渔乡孩子，他发奋苦读考上了上海外国语大学；别人"下海"淘金，他却选择了教师这个职业，走上了南京航空航天大学的讲台；他力推南航的来华留学教育，走上南京航空航天大学国际教育学院院长岗位后，依然坚守讲台，执教的留学生遍布全球120多个国家和地区。

大学毕业走上讲台回报教育

金泉元出生于1964年，童年和少年时代在家乡黄桥度过。

1971年，7岁的金泉元挎着母亲用碎布缝制的小书包，跟着哥哥姐姐一起迈进黄桥占上小学，开启了读书生涯。

20世纪70年代，国家恢复了高考，读书考学成为当时每个家庭、每个孩子的梦想。金泉元的父母和中国成千上万的农民一样，沉默质朴，却不失善良智慧，他们看到了金泉元趴在煤油灯下苦读的身影，决心要为年幼的儿子选择一条不同于父辈的人生道路，他们用瘦弱但坚强的肩膀一路支持儿子从黄桥中学进入浒关中学。

20世纪80年代,"学好数理化,走遍天下都不怕"成为无数父母和学生的至理名言,而金泉元偏偏钟爱文科,与数理化绝缘,并在英语学习中逐渐发现了自己的兴趣和语言天赋。是随大流选择自己并不擅长且不喜欢的理科,还是另辟蹊径投身自己擅长且发自内心热爱的外语专业?刚满18岁的金泉元在高考时做出了一个重要的抉择。1982年,他以高分被上海外国语大学英语专业录取,成为家族里的第一名大学生。

从黄桥出发求学沪上,金泉元第一次踏足百里之外的繁华都市,开始了4年的大学生活。

经历了百里挑一的选拔,步入大学后大家都格外刻苦。每天清晨五六点钟,同学们就集体起床,蹲在宿舍走廊昏黄的灯光下背诵英语单词,不到7点,偌大的操场已满是捧读英语的同学;白天上课时间,除了教学楼里有动静,整个上海外国语大学虹口校区鸦雀无声,可以明显感觉到,此刻没有一个是闲人;晚餐后,图书馆里一座难求,不到关门前最后一刻,好不容易占到座位的"书虫"们是不会离开的……

金泉元的勤奋苦读也获得了丰厚的回报。1986年,他以优异的成绩从上海外国语大学毕业,获得学士学位,他的求学经历自此暂告一段落。

20世纪80年代末至90年代初,"下海"之风盛行,金泉元的不少同学都选择了创业经商,甚至出国"淘金"。作为一名因读书而改变命运的寒门学子,他深知教育的意义,更想将这份幸运传递和发扬下去。大学毕业时,在择业的关键节点上,他毫不犹豫地选择了教师这个职业,来到南京航空航天大学,成为一名外语教师。直到现在,他依然庆幸当年的选择,因为在南航,他不仅实现了自己的职业理想,更幸运的是,他遇到了相伴一生的人生伴侣。

干一行爱一行,更要精一行

干一行,就要爱一行。那年走上工作岗位的金泉元刚满22岁,讲台下的学生几乎与他同龄,课堂上,他是传道授业解惑的师长,下课后,他是学生们无话不谈的兄长,他的单身宿舍成了学生们改善伙食、畅谈人生的小天地,他与学生们也结下了终生难忘的深厚情谊。

干一行,就要精一行。20世纪80年代末,教育部开始在全国高校推广大学英语四六级考试,但因为种种原因,学生通过率一直不高,他召集英语系几名教师将历年真题收集起来,录成语音,每天晚上6点到8点通过学校广播站对外播放,经过2年风雨无阻的"磨耳朵",南航学生大学英语四六级考试一次通过率大幅提升。1994年,他和学校其他5位老师荣获南航首届教学观摩比赛一等奖,对于三尺讲台上的他来说,这是无上的荣耀。次年,他升任外语系副主任,成为外语系历史上最年轻的副主任。1998年,金泉元受工作单位委派,赴英国利物浦大学深造2年,并获英语语言学习与教学专业文学硕士学位。

金泉元告诉他的学生们,英语不仅是一门语言,也是一种文化,更是打开通往世界大门的钥匙。2002年,因工作需要,他被任命为教务处副处长。2004年,他升任学校国际合作交流处处长、港澳台办公室主任。那个时候,国内的来华留学教育方兴未艾,南航也于2003年接收了首名来校攻读博士学位的外国留学生。"发展来华留学教育，助推学校国际化建设"，一个全新的国际化思路在金泉元的脑海中闪现：为了实现来华留学教育高质量跨越式发展，必须让其独立出来，行使综合学院教学和管理职能。经过他和同事们的不懈努力，2005年，学校成立国际教育学院，开设了国内首批工科全英文授课本科专业，开始成班建制招收外国留学生。南航来华留学教育终于脱离母体国际合作交流处，"留学南航"的种子终于落地生根，并在漫长的岁月里逐渐成长为一棵参天大树。

他所执教的留学生遍布全球120多个国家

推进开放办学，打造优质教学资源的蓄水池，离不开师资队伍的国际化能力建设。"培养国际化的学生，必须先拥有国际化的师资"，在金泉元的奔走努力下，国际合作交流处联合人事处、教务处，共同制定了教师国际化能力提升制度。2006年，学校在国内高校中率先出台《中青年教师出国研修计划实施办法》，每年投入200万元，专项支持中青年教师出国访学、交流，拓宽国际化视野，提升跨文化交流和教学科研能力，学成归来后从事来华留学教育。

经过多年的努力，优秀的本土教师和海归教师飞速成长、羽翼渐丰，不断筑牢来华留学师资队伍的根基；同时，自身培养的优秀中国学生以及来华留学博士生留校任教，也为来华留学教育注入源源不断的源头活水。这种具有南航特色、内培外引相结合的"师资自培养"模式，造就了一支"有能力、有担当、有情怀"的来华留学品牌师资队伍，高水平师资不仅保障了学校来华留学教育的健康稳定发展，更为学校的国际化建设提供了强大的智力支持。

进入21世纪，国际化愈发成为世界高等教育发展的时代潮流，南航也将"国际视野"写入学校人才培养理念，然而因为地域、费用等综合因素的影响，出国留学仍然只是一部分人才有的奢侈品。"惠及每一位学生的国际化，才是真正的国际化"，既然不能都走出去，那就把国际化师资请进来，让学生们足不出户遨游世界！2013年，在金泉元和同事们的精心筹备下，学校开设了首期暑期国际课程，来自9个国家12所名校的24位外籍教师，采用全英文授课的方式，为学生们开设了飞行器发动机制造特殊工艺、航天力学、材料科学、飞行器适航测试、可压缩流体力学等课程。金泉元还别出心裁地为每门课程配备一位本校的专业课教师，帮助学生答疑解惑的同时还能"偷师"学艺。假期开班也挡不住学生求知若渴的热情，开课第一天就吸引了600多人次参与，错过报名赶来旁听的学生常常把教室挤得水泄不通。如今，暑期国际课程已经连续举办了11年，累计邀请520余位外籍教师进行授课，惠及学生22000余名，这个项目也成为学校国际化办学的成功典范。

2016年，金泉元转岗国际教育学院院长，在职业生涯的最后一站，又回归了教师的本职。在处理完日常的行政事务后，他重新站上阔别许久的讲台。和以往任何一次教学经历都不同的是，他的学生是来自世界各地的留学生，他为学生们讲授中国文化和中国概况，带领学生们集体观看建党100周年庆典，走进博物馆，走进社会主义新农村，一起探寻文物古迹和乡村振兴，亲历中国发展，讲述中国故事，他教过的留学生遍布全球120多个国家和地区，他也真正实现了"桃李满天下"的夙愿。

杨乃珍：第一个把苏州评弹唱出国门

她是第一个把苏州评弹唱出国门的国家一级演员。

她叫杨乃珍，一位从黄土桥畔走出来的东方姑娘，历任第五届全国人大代表、第六届江苏省人大常委、第七届全国政协委员，还担任过江苏省曲艺协会副主席、江苏省文联副主席，享受国家特殊津贴。

"随便试试"试出了一条演艺路

1938年，杨乃珍出生在虎丘山下黄桥镇胡湾村一个普通的家庭里。

1958年，初中毕业的杨乃珍因患眼疾休学在家。这时，正遇江苏省苏昆剧团和苏州市评弹团联合招生，她有个邻居小姐妹是个"评弹迷"，一心想学唱评弹，一个人去应试怕难为情，便邀请杨乃珍陪考壮胆。

杨乃珍觉得去见识见识也蛮有趣，便陪着邻居一起到了考场。监考老师对"评弹迷"的感觉平平，倒对一旁梳着两条长辫子的杨乃珍起了兴趣。尽管当时"长辫子"的一只左眼用纱布蒙着,但她那苗条颀长的身材充满吸引力,那只顾盼神飞的右眼也充满了神采。

当主考官得知"长辫子"的左眼是因患眼疾而暂时蒙着,便要杨乃珍将缠着的纱布揭开来看看。杨乃珍不知主考官此意为何,但还是顺从地揭开了蒙在眼睛上的纱布。顿时,一双炯炯有神、似会说话的大眼睛,还有那俏丽的脸蛋与端庄的五官,展现在了众人的面前。主考官凭着丰富的经验,认为这姑娘光凭外形,已经拥有了一个演员的基本条件。

于是,主考官当场请杨乃珍唱一段评弹试试,但杨乃珍一句也不会唱。僵持了一会,主考官放宽条件,要她随便唱一支歌,并开玩笑说"不唱不让你回家"。无奈,杨乃珍只好放开歌喉,唱了首《草原上升起不落的太阳》。歌声虽然青涩,但嗓音富有天赋,主考官认定这是块天生的好材料,当场就记下了杨乃珍的姓名和地址。杨乃珍也没当回事,就和小姐妹一起回家了。

让人想不到的是,过了没多久,一份来自苏州市评弹团的复试通知却指名道姓地寄到了杨乃珍的手中,而隔壁的小姐妹却落了榜。面对突如其来的喜讯,杨乃珍依然迟疑不决,因为她从没想过要吃演员这碗饭,她的理想是做一名身穿白大褂的医生。这时,邻居落榜的小姐妹特地上门来鼓励她去,而且主动提出要当陪考。在小姐妹的鼓励下,杨乃珍这才怀着随便试试的心情,参加了复试。

复试是在苏州城中的江苏省苏昆剧团里进行的,当天参加复试的考生有300多人。轮到杨乃珍上场时,监考老师要她即兴表演个小品,题目是:下雪天回家,闻到饭锅一股焦味,怎么办?杨乃珍想了想,就大胆表演起来了:推开虚拟的家门进屋后,闻到一股异味,发现饭锅烧焦了,于是急步走到煤炉前,用双手端起锅子。由于着急忙慌没任何准备,把两手给烫痛了,于是,她赶紧丢下锅子,双手迅速捏住两只耳朵……

这段真实自然而又充满生活气息的表现,使所有监考老师都满意地笑了。结果,杨乃珍被江苏省苏昆剧团和苏州市评弹团同时录取了。最后,几经争执与协商,评弹团以"口齿清晰,嗓音台风较佳,适宜学评弹"为由,"抢"到了杨乃珍。

就这样,杨乃珍无心插柳柳成荫,开始了她的演艺生涯。

来自中央领导的关爱

杨乃珍运气好,一进团就跟上了名噪苏浙沪的"俞调"弹词老艺人俞筱云、俞筱霞,成为这对兄弟搭档的学生。俞筱云长得人高马大,但他的假声演唱浑然天成,素有"隔墙西施"的美誉。从此,杨乃珍与琵琶为伴,跟着俞家兄弟跑码头,开始学《白蛇传》《玉蜻蜓》。两个月后,杨乃珍随老师登台弹唱。雏莺初啼,引起了评弹前辈和听众的啧啧称赞。

一年不到,苏州评弹团当家说书人曹啸君一眼看上了杨乃珍,挑选她为说书下手。从此杨乃珍有了第二任老师,艺术上日趋成熟。1959年,江苏省曲艺团成立,师生俩一起考上省曲艺团,书台拼档一直到"文化大革命"后期,成为观众热捧的响档。

在漫长的演艺生涯中,杨乃珍感到最幸福的是曾经多次为中央领导同志演出。20世纪五六十年代,中央政治局经常在上海锦江饭店召开会议。有一次会议休息时间,杨乃珍为与会领导演唱了一曲《宫怨》(内容与京剧《贵妃醉酒》相同),杨乃珍把杨贵妃幽怨失望的心情表现得淋漓尽致。

国家领导人中，喜欢评弹的还真不少。在杨乃珍的记忆中，毛主席听过她的《长沙》《咏梅》《蝶恋花》；叶剑英喜欢杨乃珍的评弹，一直鼓励她"前途是自己奔的"；陈云是个地道的评弹迷，听过她的《红楼说亲》。

当然，最让杨乃珍难忘的是周总理对她这个普通演员的关心与扶植。在几次接见中，周总理都谆谆告诫她。周总理说杨乃珍的嗓子很好，要她好好跟老师学艺；虽然唱的是评弹，但也要向其他剧种学习来丰富自己。

1963年夏天，文化部准备组织一个中国艺术代表团出访，杨乃珍参加了预选。当时，有人向周总理请示：小杨到日本去演出梳辫子好不好？周总理爽快地说这是我们东方姑娘的特点。总理的一句话，保住了杨乃珍那心爱的大辫子。

就这样，杨乃珍梳着大辫子，穿着粉色旗袍，怀抱着琵琶，首次登上了日本的舞台。在日本巡回演出期间，她演遍了东京、大阪、名古屋等11个城市，每次唱完都要谢好几次幕。日本新闻界也以"杨乃珍是标准的东方姑娘"为主题进行了大量的报道，整个演出取得了空前成功。

接着，艺术团赴香港访问演出。杨乃珍又以一曲《苏州好风光》，唱醉了香港听众的心，很多人专门到后台送花、送食品给她，指名道姓要找"杨乃珍小姐"。之后，杨乃珍又把这首《苏州好风光》从家乡一直唱到澳大利亚、瑞典、新加坡等国家，把祖国的优秀曲艺艺术传播到世界大舞台。

1962年，在中国新闻社与香港华文影业公司联合摄制的反映评弹艺术的电影《苏州俩姐妹》中，她被特邀担任了主角。

德艺双馨的"评弹常青树"

"文革"结束后,杨乃珍迎来了演艺生涯的"第二春"。

一次,杨乃珍到梅园新村纪念馆参观,看到周总理呕心沥血为人民的光辉事迹,想到总理对文艺事业的关心,一股创作激情油然而生。她把自己的想法与郁小庭说了,郁小庭很快作词谱曲创作了一首新开篇《小小雨花石》。

这首新开篇唱词采用第一人称的手法,以雨花石的纯净、美丽和坚贞,暗喻周总理的人品人格。1982年,全国曲艺会演在苏州举行,杨乃珍以此曲目参演。当杨乃珍那发自肺腑、情真意切的"敬爱的周总理,请您听我唱"的唱词回荡在大会堂里时,激起了听众发自内心的共鸣。

杨乃珍对艺术的追求永无止境。她对传统的评弹艺术进行了改革创新,她唱的"俞调"经过革新后,演唱高低声转换处浑然无迹,听不出真假音的界限,唱腔三回九转,委婉动听,韵味浓厚。为此,《小小雨花石》也毫无悬念地荣获作词、编曲和演出一等奖。中央人民广播电台和中央电视台分别播放了演出录音和录像。同年,上海唱片厂灌制成唱片在全国发行,这部作品顿时风靡全国。

也就是在这个时候,杨乃珍光荣地加入了中国共产党。

1986年,文化部举办全国曲艺大赛,杨乃珍演唱的《故乡行》得到荣誉奖。1995年,杨乃珍演唱的又一首与《苏州好风光》堪称姐妹篇的新开篇《我的家乡在苏州》,摘取中国曲艺最高奖牡丹奖。1997年,一曲《秦淮月》获得了文化部第七届文华表演奖。

在登台深耕评弹艺术的同时,杨乃珍没有忘了艺术传承。早在50岁后,她就开始有意识地减少登台的频率,为的是把舞台让给评弹新秀。她形容道:"一块石头盖在地面上,小苗就顶不开,我还不如挪开一点,这样年轻演员就出来了。"

退休前几年,杨乃珍把主要精力放在省曲协工作上。作为全省曲艺的掌门人,她看到中国曲艺牡丹奖落户江苏后,全省曲艺发展如日中天,更是欣慰不已。她修改整理了20万字的长篇弹词《金钗记》和《杨乃珍评弹曲目集》,分别由江苏文艺出版社与江苏音像出版社公开出版,为年轻一代留下了宝贵的财富。

张浙慧：走上奥运赛场的相城第一人

2009年，第11届全运会冠军。

2011年，女子柔道世界杯巴西站冠军。

2011年，世界柔道大满贯韩国站冠军。

2016年，进入里约奥运会柔道决赛。

……

获得这些殊荣的是一位土生土长的苏州"小娘鱼"，她叫张浙慧，1988年出生在黄桥占上村。

张浙慧的爷爷张欣木常常会把孙女的40多枚奖牌拿出来掂量抚摸，嘴里念叨着："都是慧囡用汗水换来的，不容易，不容易！"

确实不容易。回眸张浙慧18年运动生涯，充满甜酸苦辣，令人感慨。

天生就是一块当运动员的好材料

张浙慧出生在一个教师世家，外公张欣木是小学教师，父亲的外婆吴淑仪也是一名小学教师。由于濡染了良好的家风，张浙慧从小就乖巧懂事。

更加奇特的是,张浙慧天生就是一块当运动员的好材料。小学阶段,张浙慧就比同龄人高出半个头。爷爷一家三门,孩子都比较有运动天赋,而张浙慧的运动才能更加突出。在她刚上小学六年级的时候,吴县举行秋季运动会,杨菊根老师推荐她代表黄桥实验小学参赛,没想到她一举夺得了铅球和垒球2个冠军。

首次登上运动赛场的张浙慧引起了人们的关注。原吴县市体育馆教练蒋云派出的2名学生找到张浙慧,问她愿不愿意到体校学柔道。才12岁的张浙慧不敢自作决定,便说要回家问父母。

回到家,刚吃完晚饭,张浙慧还没有来得及开口,蒋教练的电话就打到了张浙慧的家里。一番激励和肯定,让全家人作出了决定:张浙慧人长得高大,力气又大,当运动员应该是对路的。

当时在主教练蒋云的安排下,准备将张浙慧插进三香路原苏州市体育中心柔道训练基地,安排她在当地小学读书,可是时值秋季,学校难以落实。后转进枫桥中心小学就读,这样张浙慧需要两头跑,为了使学习和体训两不误,她把头发剪了,每天早晨六点就赶公交车去学习,下午三点多又匆匆奔赴基地,如此循环往复,坚持到六年级毕业。后进入三香路附近的振吴中学就读。

繁重的学业和超强的训练两难兼顾,一个10多岁的孩子免不了心生畏难情绪。一天傍晚,张浙慧与一名昆山同学逃学回家,吃晚饭时,听着女儿的哭诉,父母不免心疼起来。这时,爷爷说了一句话:"坚持就是胜利!"这句话犹如一记警钟,她恍然意识到了自己的懦弱。第二天,父亲就把张浙慧送回体校。

把智慧糅进柔道，走出自己的路

一名运动员，要变得出色，除了需要天赋，更需要刻苦自励的决心和作风，这些张浙慧都有，但超强度的训练，在家人眼里实在难以接受。一次，在苏州体训队训练的时候，阿姨去看望张浙慧，看到训练中运动员互相摔打，眼泪忍不住溢满了眼眶。

张浙慧天生长得高挑，身材一直很苗条，这恰恰成了一名柔道运动员的障碍。张浙慧觉得也许注定自己不能做实力型的柔道选手，那么就把智慧糅进自己所钟爱的柔道吧。为了达到体能标准，她瘦了，就拼命吃，拼命训练；胖了，就拼命饿肚子，穿特制的全封闭训练服，逼出一身大汗。

一次次磨砺，一次次奋进，张浙慧以自己的实力和智慧一步步走向成功。2003年，张浙慧一举夺得省运会冠军。省柔道教练刘佳林称赞她是一位智慧型的柔道选手，推荐她进入了省体工队。

进入省队后，爷爷特意书信一封，教育张浙慧遇到赛事要运用毛主席的军事思想去对付强手："在战略上藐视敌人，在战术上重视敌人。"爷爷的教诲让张泽慧更加懂得了如何去吃得苦中苦，做一个坚强的人。

训练是苦的，但张浙慧是个懂事的姑娘，她从来不与家人说起，而父母忙于打理自办的工厂，也对这种训练强度所造成的伤害知之甚少。在一次全国锦标赛上，当父母亲眼看见女儿的比赛场景后，才有点了解赛场上的艰辛。那次比赛是在吴江体育馆举办的，张浙慧的爸爸妈妈看到女儿在与对手较量的时候，突然不停地找机会甩手，才知道女儿的手一定是受伤了。妈妈恨不能扑进电视机里把女儿拉下来。赛后，张浙慧的手指因受伤进行了手术。

2014年第十七届韩国仁川亚运会上，张浙慧在比赛中肩膀突然脱臼了，她狠命将肩一耸，继续战斗，最后夺得了铜牌。比赛一结束，张浙慧才感觉疼痛难忍，便进行了治疗，缠上了绷带，并不得已回家养伤2个多月。这是她运动生涯里待在家里最久的一次。

一人在外，独自受苦受累，但张浙慧为了梦想，再苦再累也能忍受，倒是家中的人成了她心头的牵挂，由于常年不能相见，她格外珍惜与家人相聚的每一次机会。一次，爷爷与退休教师一同去南京游玩，得知消息，张浙慧做了一番精心的准备，奔赴车站，她递上了切好的苹果块，还准备了牙签，乐得爷爷合不拢嘴。

张浙慧也是一个心地特别善良的姑娘，她从来不把对手当成敌人。一次比赛中，她把一个日本人压在身下，只听关节发出咔咔之声，她迅疾起身，避免了对手的受伤，这是一名运动员的美好品质。

走进里约，登上体育生涯巅峰

2014年，张浙慧获得南京市杰出青年提名奖，还代表体育界参加南京市共青团代表大会，大会主席团负责人还特意打电话给刘佳林教练，说要好好培养张浙慧。

张浙慧确实是很出色的。18年来，她奔赴过15个国家，获得了40多枚奖牌。2016年，她被推向运动生涯的最高峰——参加巴西里约奥运会。这之前，她需要在北京经历1年的超强训练，连过年都不能回家。在北京训练期间，每天下午训练完，体重会骤降四到五斤，这都要靠训练后喝水、吃饭补回来。这种非比寻常的磨炼，弟弟总会不断地用电话、视频给予最暖心的安慰。

弟弟张沈慧，也是一个了不起的小伙儿，当年高考他因失误只进了本三，但他并没有因此消沉，读了1年大学后就去当兵，成为苏州相城区大学生中当兵第一人，后被安排在总政干休所，这里名人云集，距离八一电影制片厂又近，他经常与老干部们切磋篮球技艺，而老干部们也时时鼓励他。在2015年总政推出的100多名考生中，张沈慧一举夺魁，军校任挑，他选择了长沙国防科技大学。

一对优秀的姐弟，他们相互勉励，共同进取。

2016年8月，张浙慧来到里约，第一次走上了奥运赛场。虽然她最终没能登上最高领奖台，但她已经站上了体育生涯的巅峰，令黄桥瞩目，令苏州瞩目，令中国瞩目。

或许张浙慧心有不甘，或许她还会备战下一届奥运会。但一名运动员能走在自己坚持的路上，始终乐观向上，充满正能量，这才是最令人折服的，张浙慧做到了！

沈德龙：以针为笔绘人生

2014年，中央电视台的"苏州月·中华情"中秋晚会在苏州太湖之滨举行，吸引了亿万电视观众的眼球。

因为一幅刺绣作品，因为娶了一位台湾太太，黄桥街道出生的被称为"苏州绣皇"的刺绣传人沈德龙被推上了中央电视台的晚会大舞台，给黄土桥的老百姓、给太湖儿女长了脸。

沈德龙，1964年5月出生于黄桥街道大庄村，家里五个孩子中排行老幺。1986年考入浙江（中国）美院油画系，毕业后入职苏州刺绣研究所，师承乱针绣第三代传人任嚖閒大师。30多年来，他自创"三散针法"，将油画原理与苏绣技法充分糅合，掀起一股苏绣新风。

穿着油画的"鞋"走刺绣路

沈德龙是在阴差阳错中搁下画笔捏起绣花针的。

"那是1990年左右，我从中国美术学院油画系毕业，被分配到苏州刺绣研究所工作，主要是创作绣稿。"沈德龙说，在此之前，他爱油画，学油画，考的也是油画系，从没想过有一天会搁下画笔,捏起绣花针。

刚进刺绣研究所,沈德龙专职绣稿创作,按着个人习惯,常用厚颜料涂抹。"但很多时候,我不经意的一笔,会让绣娘多出十天半个月的工作量。为了让我有所体察,当时的所长就让我下车间实习。"由此,魁梧健壮的沈德龙,端坐于绣架前,手执银针穿彩线,绣起了小花儿。但花不成花,认认真真绣了好几天,绣出了一只"蔫茄子",丑得很。

"绣针和画笔不一样,我控制不了。"一周后,沈德龙心生退意,他把想法告诉了所里资深的刺绣大师任嘒閒,同时也给自己留了个余地:"也许,我可以试试乱针绣?"

早在清末民初,刺绣大师沈寿就是受西方油画与摄影启发,自创仿真绣。沈寿之后,杨守玉又钻研西洋画的技法与色彩,新创似乱而不乱的乱针绣。任嘒閒正是杨守玉的弟子,深谙虚实乱针绣之道。她想看看,学油画出身的沈德龙,是否真可以触类旁通,摸索出乱针绣的门道来。

在这以后的2个月里,沈德龙用绣针给自己"画"了一幅自画像:根据透视原理,分析明暗对比,一点点地叠加绣线,调和各种色彩,绣线直斜、横斜地交错组合,犹如信笔涂抹,却有似乱不乱的奇异效果。

穿着油画的"鞋",走出了刺绣的新路,沈德龙这个一直站在刺绣门外的男人一"绣"惊人,在刺绣研究所引起了不小的"骚乱"。大家争相围观,不相信这个毫无基础的男人竟绣出了这样一幅自成一格的作品。这幅作品后来被苏州刺绣研究所收藏。

任嘒閒知道自己没有看错人,将他收为关门弟子。从这一天起,沈德龙的人生,被一根根绣线密密缠绕,再也脱离不开了。

跨界融合开出"创新之花"

踏上刺绣路后,沈德龙致力于推动"绘画+苏绣"的跨界融合,以品牌化的思路,让传统苏绣开出"创新之花"。

《列夫·托尔斯泰的肖像》是沈德龙花8个月时间绣出来的一幅代表作。这幅俄国绘画大师列宾的油画名作,创作于1887年,用色简练朴素,笔触光滑细腻,人物形象庄严而又充满精神力量。沈德龙敛神坐在绣架前,专注于这场跨越时空的艺术对话。"我作为一个21世纪的绣者,去面对列宾这样一位19世纪最顶尖的艺术大师,去'触摸'他的作品,去感知他创作时的心境,去体悟他的运笔和上色。"在沈德龙看来,这不是对大师作品的简单模仿,而是东西方艺术的交叠与融合,碰撞与延伸。

在开绣后的8个月里,沈德龙时而凝神苦思,时而飞针走线,时而沉静,时而激情,用一门东方的技艺——苏绣,与大师对话,并以针代笔,以线代色,展现西洋油画的丰富色彩与立体质感。他采用乱针绣的技法,结合绘画理论,先解构,再聚合。"我用多种颜色的绣线叠加,模拟调色盘调色,来表现油画的色泽与光彩。"这是一次充满激情的创作,沈德龙常常绣到废寝忘食,8个月下来,瘦了10多斤。

绣制完成的作品疏密有致,虚实得当,与列宾原作产生了一种奇妙的应和,展现出一种东西方文化交融的独特魅力。在后来举行的第二届中国工艺美术博览会"百鹤杯"工艺美术设计创新大赛上,沈德龙凭借这幅作品,从来自全国各地的3000件(套)工艺作品中脱颖而出,夺得最高奖百鹤金鼎奖。

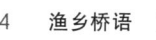

沈德龙创办的刺绣基地先后与苏州高博软件技术学院、苏州科技城实验学校教育集团、苏州市小记者总站建立了校企共建合作关系，他定期到共建学校去传授刺绣技艺，努力培育刺绣新人。他还在镇湖绣品街、家乡黄桥大庄村创办了苏绣体验馆，2个体验馆通过开展"亲子共绣""苏绣文化沙龙"等活动，让青少年近距离了解、体验苏绣，感受苏绣技艺与文化的魅力。

如今，沈德龙和他的"古吴绣皇"已培养出了6位高级工艺美术师、5位工艺美术师及一批得意弟子。2021年，弟子陶丽琴荣获第五届苏州技能英才周技能状元大赛一等奖，弟子郁琴荣获中国江苏乡土人才技能大赛刺绣类一等奖。在新一届"百鹤杯"工艺美术设计创新大赛上，两位弟子吴玉琴和陶丽琴获得了百鹤新锐奖。

沈德龙的刺绣作品很多,《蒙娜丽莎》《神曲》《百骏图》《科萨科夫人》《乾隆大阅图》《圣洁》等几十幅作品先后荣获了各项展览金奖,有的斩获了特等金奖。

沈德龙还多次应邀为各国元首绣制人物肖像,其中有俄罗斯总统普京、西班牙国王卡诺斯及其夫人、哈萨克斯坦总统纳扎巴耶夫、以色列前总理拉宾、美国前总统布什、英国女王伊丽莎白二世肖像等。

希冀苏绣艺术的提升和光大

沈德龙要的不只是自己一个人的成功,他希冀的是苏绣艺术的提升和光大。他将"刺绣"的概念最大限度地外延为"绘画",将绘画领域的造型、色彩、透视等技法更大胆地运用到刺绣创作中,创立了"三散针法",形成了"针为笔,线为色,扬传统,汇中西"的艺术风格。

1993年,沈德龙离开苏州刺绣研究所,创立"沈氏绣坊",寻找新的艺术灵感。之后,他又马不停蹄,创立了新的苏绣品牌"古吴绣皇",用20年时间在全国开出了28家品牌专卖店,撬动了苏绣的产业化发展。

沈德龙自创的公司在苏绣行业中脱颖而出,众多作品连连获得中国工艺美术文化创意奖金奖、江苏艺博杯——银针杯金奖等奖项。公司注册了"古吴绣皇""沈氏传家""女红坊"等40多个国内、国际商标,其中"古吴绣皇"于2013年获评江苏省著名商标、江苏省名牌产品,公司也成为2019苏绣国家标准的主要起草单位,2021年获苏州市质量奖。

周文雍：30多年如一日倾情"老苏州"

一个画家，一个名叫周文雍的土生土长的当代苏州画家，把他30多年的创作感情与精力全部倾注在了老苏州的风土人情和习俗上，孜孜不倦，乐此不疲。

正如作家祝兆平为周文雍的画册《姑苏风情录》所作的评论那样："在我认识他的20多年中，苏州水乡题材的画家少说也有几十个，但只有他能够耐得住寂寞，守得住清贫，熬得住孤独，在远离名利的画室中的冷板凳上默默地沉下去，迷醉于自己的艺术和精神的水墨世界之中。四季变化的只是窗外的颜色，他却始终游走在宣纸上的水墨之间，而止笔发呆之际，正是他思想精神的深刻和升华之时。"

其实，周文雍何止出版了一部画册。2013年，他出版了一部厚达200多页的题为《江南小巷100》的大型中英文双语对照画册：100条小巷几乎囊括了姑苏所有消失了的古街小巷，每条小巷似乎都在倾诉着曾经发生的故事。

周文雍又何止是出版了几部画册，他更多的成就是在那传神的笔墨中渗入了对现代城市发展与传统风物保护的深层思考。

天才是要挖掘的，天赋是要磨炼的

1963年，周文雍出生在苏州虎丘山北的北庄基，即现在的相城区黄桥街道三角咀湿地公园的南端。

周文雍的外公和舅舅喜欢画画，打他懂事起，就潜移默化地影响着他。一次，他随父母去无锡外婆家玩，大胆"偷窃"了外公早年制作的一本灶台画语，开始了临摹。没有绘画的工具怎么办？他用每天凌晨上菜场买菜"贪污"的零钱，瞒着母亲买了些笔墨，一有时间就画起来。就这样，家中的墙壁上渐渐地贴满了小文雍的"作品"，而且每周都能更新。作品虽幼稚，却引得四邻八舍来参观。

高中毕业后，周文雍在乡镇文化站当起了干事：画电影海报、拍乡镇照片，还兼职当上了中学美术老师。他还为缂丝工艺厂做设计，并兼职乡镇通讯报道员，当起了"土记者"。

尽管如此，周文雍考大学的梦没有破灭，一边工作一边自学。起早摸黑是他的长项，早晨6点去菜市场画速写，晚上有时画素描。他还上了桃花坞夜校，"专业"学习素描、色彩。

1年后，周文雍被苏州工艺美术学校录取了。那一年，他21岁。

经过3年的学习，周文雍基本掌握了西画的理论和基本技法。毕业时，他作为"高才生"，被苏州市建筑设计院点名要去了，专门从事建筑室内设计。当时，国内装饰市场刚起步，设计项目应接不暇，经济收入可观。但是，本质上喜欢纯艺术的周文雍却怎么也不舒服，他认为只有艺术才能表现心灵深处的真实感受。于是，在城市环境保护学院学习建筑设计时，他就忙中偷闲地进行着他的"纯艺术"：用中国画形式表现他所热爱的家乡。尽管眼睁睁地看着一座座老宅和小桥被拆令他非常心痛,但这些拆迁中的古宅民居和小桥流水,对他的创作产生了极为深刻的影响,也成了他源源不断的创作源泉。

1992年,周文雍的第一个个人画展在苏州市文联展厅举办。周文雍的艺术第一次亮相,苏州老一辈艺术家挥毫题词,纷纷前来祝贺,他们希望年轻艺术家能与他们一样具有吃苦耐劳、忠于艺术的精神,将吴门文化发扬传承下去!周文雍把这些金玉良言一笔一画地铭刻在了心里。

倾情"老苏州",传承吴文化

办展览、出画册是每个画家梦寐以求的,周文雍也不例外。有一年,周文雍偶遇一位台湾画商,画商对他创作的江南水乡画很感兴趣,于是,在画商的邀请下,他的个人画展在台湾连续展览了好几次。然而,他最终还是上了人家的当:60多幅画作,还有一幅15米长卷《七里山塘》,一并石沉大海。画商销声匿迹了,周文雍多年的心血付之东流。

周文雍经受的打击不止这一次。1995年,随着全国经济大潮的热浪,周文雍与许多追梦人一样下了海。在随后的几年里,他办过公司,开过饭店,但不善经商的他每一回都以失败告终。

周文雍变老了,变瘦了,唯一不变的是他没有停下手中的画笔。经商受挫后,他干脆两耳不闻窗外事,足不出户搞创作,一搞就是2年。2000年,他挑选一批以"老苏州"为题材创作的精品,参加了在北京举办的国际书画博览会,没想到他那独特的"老苏州"竟然卖得很好。就是在这次博览会期间,他了解到位于北京大元都遗址的在筹建中的中国美协北京展览中心，需要一位懂得建筑的画家做艺术总监，便前去应试，想不到双方一拍即合，他旋即北上投入了新的工作。

在建筑艺术总监的岗位上，周文雍总是找不到自己的创作灵感和艺术冲动。他觉得自己就像一棵拔离了沃土的秧苗，没有了故土的滋润，便失去了养分，自然是要枯萎的。于是，他毅然决定返回日思夜想的苏州。当他从南归列车的车窗口遥望巍巍耸立的虎丘塔时，感动得热泪盈眶：江南的风，吹是亲；江南的雨，打是爱！他发誓要倾情"老苏州"，将"老苏州风土人情"作为他毕生的创作题材，为吴文化的传承添砖加瓦。

从此，周文雍或是在画室中埋头苦干、挥洒笔墨，或是独来独往出没在一些幸存的或即将湮没的"老苏州"里，在自己的绘画世界里寻找快乐。

决不复制原稿，提笔就是创作

2004年，中国外文出版局与周文雍订下了合同，由出版社投资共同出版中英文双语对照的《苏州老行当》画册，向国内国际发行。2006年，该书出版发行后得到了国内外广泛好评，成为2008年奥运会期间官方向世界人民介绍中国文化的推荐书目之一，而且因销量超凡，几经再版加印。

就在这时，有画商要求高价收购《苏州老行当》原件全套，但原稿已经零星出售了。有人建议周文雍"依样画葫芦"复制一套，被他否定了。他说，艺术不能复制，只能创作！创作才能使艺术充满生命力，更上一层楼。

对于周文雍来说,画册的成功再次把他的自信鼓得满满的。2004年,山塘街开街,邀周文雍进驻山塘美术馆,合作经营、自负盈亏,前提是必须展示周文雍本人的作品。这正好符合周文雍的想法,一拍即合。第一天开张,他的画册印刷品就得到了游客们的青睐,游客争相购买他那带有浓重苏州地方特色的绘画作品。

市场才是检验艺术价值的唯一标准。由于周文雍为百姓绘画,为平常人绘画,所以他的作品里的主角都是平常百姓,特别招百姓欢喜。《苏州老行当》《姑苏风情录》《江南小巷100》三部画册相继问世后,赢得了很多中外游客的喜爱,他们认为,这些重现在宣纸上的由老行当、风土人情和古巷旧街等组成的"老苏州"有的正在消失,有的可能已经湮没,但这才是原汁原味的真正的苏州。

2009年,台湾东森电视台专赴苏州找到了周文雍,拍摄专题纪录片《烟花三月·苏州人的一天》。虽然1993年在中央电视台国际频道就有专题片《画家周文雍》播出,但周文雍认为当时在艺术上还不成熟,"吹牛"成分大。而拍摄的《苏州人的一天》是真实的,是他一天里生活的真实情景:画图、看书、喝茶、听评弹、遛鸟、逛花鸟市场、寻觅老手艺……

吕师孟：长眠黄桥的安徽宋故官

1959年1月上旬，在虎丘山北一里许的洪桥南黄桥乡（原黄桥境域），发现了一座元代墓葬——吕师孟墓，这成为黄桥历史上最重大的一次考古发现。

授官辞官沉浮25年

吕师孟，字养浩，号浩叟，安丰路霍丘县人，生于宋端平元年（1234）正月二十日，卒于元大德八年（1304）七月十七日，享年70岁。同年十二月初八日葬于平江路城长洲县武丘乡（原黄桥境域）。

安丰路霍丘县（今属安徽六安）为元朝建置，属河南江北行省，宋时为寿春府，领下蔡、安丰、霍丘、寿春四县。

吕师孟一生跨宋、元两代，在宋朝可谓官运亨通。宝祐元年（1253），年19岁，以恩荫入官，补保义郎（正九品散官）。2年后出官，主管义军都统司机宜文字，历任淮西制置司和两淮宣抚司的准备将官，升淮西兵马副都监。景定元年（1260），为宝应军兵马铃辖，除总阁门看班祗候。景定四年权发遣宝应军，时年29

岁。虽然此时吕师孟伯父吕文德执掌荆蜀军务,父吕文福为淮西招讨使,但吕师孟能够出任一郡长官,却并非父、伯的缘故。随后知高邮军,改知招信军。咸淳八年(1272),知蕲州。至德祐元年(1275)累迁至枢密院副都承旨,且由武职换为文臣。元军入平江后,以兵部侍郎出使。使还,除兵部尚书,不就。寻拜端明殿学士,提领户部财用,赐同进士出身,与执政恩数,力辞签书枢密院事。在宋朝,武职右阶至武功大夫(正七品),文阶至中大夫(正五品)。两赐绯银鱼袋、紫金鱼袋。

元朝统一以后,吕师孟以宋故官身份,随幼帝赵显、太后全氏和百官及太学诸生赴北,在大都逗留了4年,始授嘉议大夫、漳州路总管、行淮东道宣慰副使,但很快隐居苏州。从至元十六年(1279)授官、辞官,至大德八年(1304)卒,正好25年。

无道无门的夫妇合葬墓

1959年1月,在黄桥境域发现的吕师孟墓,建筑结构简单,是一座既无墓(甬)道,又无墓门,全以长条青色砖砌的竖穴墓,砌筑坚固,砖与砖之间用石灰浆粘缝,墓室坐北朝南,略微偏西。

全墓分东、西两室,系夫妇合葬。两室各长3.8米、宽1.2米。周围的墙分内外三层平横相错砌砖,厚0.48米,两墓中间隔墙较厚,以平竖互垒砌成。隔墙的头端上方开有小洞一个。前后墙壁上皆设有方形小龛,出土小件随葬器物银盒等。墓顶用6块厚40厘米的大石条紧盖,墓底铺木炭石灰一层。

在墓的四周墙外同样以厚15厘米炭屑石灰浆灌紧,以防腐和防潮。室内骨架全朽,从东、西两室乱土中发现不少鲜艳的漆皮,可见葬具是木棺。墓中出土金银器颇多，散布在墓内各处，保存较完整。

出土10件国家一级文物

元代的金银器手工作坊集中于苏皖一带，尤以苏州为多，而在现有元代出土金器中，以苏州市虎丘山北黄桥乡（原黄桥境域）大德八年（1304）吕师孟夫妇墓中的金器最具有代表性。吕师孟墓发掘于1959年1月，虽然墓的建筑结构很简单，随葬的金器却有33件，其中10件已被定为国家一级文物，还有银器21件。在一座墓中出土数量如此之多且造型别致、纹饰精美、工艺精湛的金银器，在宋元时代墓葬中还是比较罕见的。吕师孟墓中这批精美的金银器现陈列在南京博物院。

出土器物有金、银、铜、玉、瓷器五类。金器包括金条7根、刻有"元关足色金"5字的金碗1件、一大一小形制相同的金盘2件、镂雕百结鸳和莲叶的鸡心形金饰物2片、刻有文王访贤故事的金带饰1件、长方金带饰1件、方形金带饰7件和花形带饰1件；银器包括"闻宣造"八棱银果盒1件、通高12.6厘米银盂1件、"花银造"银扁盒1件、银圆盒2件、梅花银盒1件、小银盒1件、银水盂1件、银尊1件、银匙2件和银锭10个；铜器是3面铜镜，2件素面，1件铸造精致；玉器包括椭圆形白玉璧1件、五瓣梅花形白玉饰1件；瓷器是1件八棱形白瓷碗。

两方墓志铭道出不一样的遗老形象

吕师孟墓中还出土了小金饰12件和墓志铭2方。江苏省文物管理委员会《文物》杂志1959年11期《江苏吴县元清理简报》记载：一方墓志铭在头前墓外，长方形，志文正书，出土时字向下，底垫砖一层；另一方墓志铭在头端墓顶上，长方形，志头篆体，全文正书，发现时字亦向下，志石下垫砖一层。

墓志铭题名"故宣慰嘉议吕公墓志铭"，志文33行，满行42字，全文共1200余字，还原了吕师孟不一样的遗老形象。

吕师孟是南宋晚期著名的"吕氏军事集团"的成员之一，为文天祥点名斥责过的南宋降臣。由于吕师孟之家族成员大部分降元以及他本人遭文天祥唾骂的缘故，后世普遍对他持负面评价。但吕氏在文天祥的文集中和墓志铭中的形象迥然不同。事实上，吕师孟在元、明、清时期的江南社会一向以不拜元将、不受元官的守节遗老的形象赢得赞誉和尊敬，明人张昶在《吴中人物记》中就将吕师孟列入"忠义"。

一块古碑记载了一段抗争史

1984年11月,吴县文物普查人员在庄基村(现黄桥街道河东村)河西观音堂的宅基旁发现了一块古碑,青石质、方座圆首,分碑体与碑座两部分,通高2.06米,碑宽、厚0.27米。碑额楷书阴刻6竖行,上镌"奉旨遵宪蠲免渔课永禁泥草私税碑"。碑文楷书阴刻29竖行,满行79字,计1080多字,镌刻于清顺治十七年(1660)五月。1986年,被公布为苏州文物保护单位。

碑文大致意思是:清顺治十七年(1660)正月二十九,渔民陆江、葛华、金坤、葛文等人,世居长洲县北庄基,因田地荒芜,生活贫困,用低洼地筑鱼池,以养鱼为生交国家税粮,遭到地主豪强巧立名目向老百姓强行勒索一些额外的"私税"。豪强甚至与官府的一些小喽啰勾结,打着"官税"的幌子中饱私囊,使"耕者渔者几不堪命",引起渔民强烈不满。由陆江、葛华、金坤、葛文等人出头"连名呈词",状告地主豪强巧立名目向老百姓强行勒索的讼案递呈苏州府,经苏州府海防厅查询,确有此事。苏州府长州县高度重视,"该蒙巡按御史加一级马批",出面"勒石永禁",妥善处置讼案,让渔民皆大欢喜。

这场发生在清顺治年间的渔民反横征暴敛私税的抗争,声势之大，斗争之烈，对于素有"民性善良怯懦"之称的苏州人来说，非同一般。

不满暴敛私税不断抗争

事情要从顺治九年（1652）说起，地方人士曹元等人将豪强劣绅巧立名目征收私税等事情上报巡按衙门秦老爷，秦老爷审查确有其事，按照国家法令禁止，并立即转告长洲县，每户渔民按照国家法令，免除国家税收并印票面单据，又出示勒石报告，但因前巡按衙门官员升任未能及时遵照执行。顺治十三年，地方人士曹元等人又将豪强劣绅巧立名目征收私税等事情上报巡按衙门李老爷，李老爷命长洲县出示勒石。几年来，陆江等人得到法令的恩赐，才得以存些钱粮，上可以交国家税收，下可以养活妻子儿女。

想不到这事后来突然发生了变化，地方上有财有势的坏人串通衙门里的坏人，查报各家各户，保长、甲长也忙于巧立名目收取私税。这一行为上违反了国家法令，中轻视了明确的法令，下伤害了老百姓的利益，陆江等人再到衙门，希望青天大老爷像雷神公公那样看清事实，发公文加盖印章，还百姓一个公道。衙门官员准许赐予，下令长洲县立即行动出示严禁制止告示，并立即勒石永远禁止收税为证，还把公告报送苏州巡防台备案，为将来可以通过苏州巡防台查询公告、勒石上面记述的事实。

陆江、葛华等人是贫苦百姓，无权无势，为了抗争成功，先经地方人士曹元等人将豪强收取私税等事情上报巡按衙门，由秦、李二位老爷具体写明报告，又下令衙门免除捞水草的私税，再发公告，废除私税。但是，只有现证，碑石一直没有到位。陆江等人只得将事情上报按院老爷，苏州巡防台经查实详细经过，同情百姓的生活，将捞水草的税收免除，考虑到法令难免消失，给予的禁令难以更改，叩请县衙准许赐予详细的公文以勒石公示，让有势力的豪强威胁私税废除等事情公众于天下。

根据以前上报的依据，苏州县衙也看到了恶势力成风，有势力的豪强与坏人串通起来欺压百姓，不是一天两天的事情了。上报巡按衙门后，巡按府出具免税报告转给长洲县衙门，要求在发案的地方以勒石为证永远禁止乱收税收。

但是，只因为前老爷回京复命紧迫，手下执行不力，勒石未能如愿。陆江等人迫不得已联名上诉，苏州府长洲县官府体察民情，决定在陆江、葛华等人养鱼的北庄基勒石竖碑。

勒石竖碑树起了北庄基的渔业地位

石碑立在北庄基，这与北庄基当时的渔业地位分不开。

相传春秋时期的越国大臣范蠡协助越王勾践灭吴后隐居在江南水乡蠡口一带，研发、传授农技。《吴邑志》载："齐门外有蠡口者，一名蠡湖，相传范蠡隐迹处，养鱼种竹犹少伯之遗风也。"北庄基与蠡湖相近，河道相通，受蠡湖一带养鱼影响，养鱼历史悠久。明清时期，不仅挖掘鱼池，发展养鱼业，而且向河港外荡拓展。民国《吴县志》载："介于阊齐二门之南并庄基，均以畜鱼为业。"这说明当时北庄基养鱼业已具规模。

清朝初期基本上沿用了明朝的税赋制度，虽然苏州历来是全国的重税赋地区，但国家税制明文规定的税赋，老百姓还是愿意缴纳的。然而，随着渔业经济的发展，除了国家规定的税赋，封建统治者加重了对渔民的压榨，有些地主豪强劣绅巧立名目向老百姓强行勒索额外的"私税"。

北庄基原是一大片沼泽地，后来逐渐形成了数千亩连成一大片的鱼池。黄天荡、金鸡湖、独墅湖等地的水质好，用这里的水草养出来的青鱼比其他地方的青鱼要粉白得多，所以养鱼农户就到这三个地方去捞水草。当地豪强劣绅便盘剥勒索，遍设关卡，收管理费。长洲县渔民陆江、葛华等43人展开了反剥削斗争，一纸诉状，"呈请申严渔课勒石永禁缘由，奉批准勒石永禁"。对此，顺治十七年（1660）正月二十九，清朝地方政府（苏州府）作出批准勒石通告的决定，严禁私征。

即便如此，豪强地主或湖霸竟无视政府的禁令，继续对当地的渔民起税私征，好在当时的中央政府和地方政府还是比较体察民情的，多次将豪强们的私征乱收行为列入禁止之列，并且准予村民勒石为凭。

碑文所载比古籍更为可贵

渔民联名向官府请愿"勒石永禁"以除衙役贪索的做法，拉近了官与民的距离。在这一过程中，官府满足渔民的立碑请求，以"勒石永禁"的方式表达纾困恤民、整顿吏治、惩治弊害的立场和决心，这既是政治清明和地方官善履职守、施政有为的一个公开证明，也有助于消除久治不绝的官官相护、吏役贪索之顽疾，对潜在的民变等群体性事件能起到一定的预防或缓冲效用。

江南是历史上最为突出的重赋区，是封建政府的赋税中心，被视为"家之有府库，人之有胸腹"。当时的清政府迫切希望在这个地区收取更多的税赋，来弥补连年征战造成的财政不足，这就必然会危及江南豪强地主在经济方面的传统特权。这样，就构成了清初政府和江南豪强地主在赋税问题上的激烈的斗争，可见该碑是研究清初阶段矛盾的一件很有价值的实物资料。

碑文的记载表明，清顺治年间这种横征暴敛的"利派""私征"广泛存在。封建政府和豪强地主敲诈勒索，百姓所承受的各种名义的赋税，对社会生产的恢复造成了严重影响，碑文是封建政府与地方豪强残酷剥削劳动人民的真实写照。它表明清顺治年间，剥削形态已经浸透到了劳动生产的各个领域。

黄桥的养鱼历史是比较悠久的。《浒墅关志·物产》载："青苔河一带居人皆有养鱼为业，以鱼池之多少论贫富。池大者，常至数十亩。"说明明清时期，黄桥一带就已经开始养鱼了。《吴县志》和《吴郡志》都有黄桥内塘养鱼的文字记录，而碑文所载比之古籍则更为可贵，而且所反映的是世代以农为业的贫民，发挥自己的聪明才智，合理利用自然生态，因地制宜改造低水田为鱼池来发展养鱼业的历史事实，证实了渔业生产在农村占有的重要地位，这是300多年前吴地发展内塘养鱼业的文字记载，也是黄桥内塘养鱼最早的文字记载。

朱顺公祠：难再相见的历史文化名片

在黄桥街道方浜村长村子自然村（已动迁）北面，曾经有一座始建于清朝康熙年间的家族祠堂，叫作"朱顺公祠"。

尽管毁于"文革"期间，但作为一张历史文化名片，有关朱顺公祠的许多记忆，一直留存在一代代黄桥人的心中。

家族古祠传承历史

朱顺公祠坐北朝南，清末为一进加两隔厢格局，平面布局呈Π形。其中"一"部分为享堂；两个"1"分别为东、西两隔厢，它们之间的空地为天井，沿天井的外墙均为落地长窗。祠门开在天井南面，门前有3级青石台阶，寓意是步步高升。

享堂又称"大殿"，面阔3间12米，进深10米，是举行祭祀、宴请宾客等活动的重要场所。室内铺设清水方砖，正铺。中间4根庭柱粗约一成年人合抱，柱下有青石鼓磴、磉石，庭柱上端抬梁扁作，门和落地长窗顶部设有斗拱。正中那间厅堂北部设有建筑结构精致的万年台，台上排列祖辈神位，传承着古代视祭祖为"治家之本"、崇拜祖先的理念。享堂南部设有翻轩。享堂里面旧时有4张八仙桌、20条长凳,供族人聚会使用。整个建筑显得古色古香,恢宏庄肃。

享堂与隔厢之间还有一条宽约5米的东西向廊道,廊道两端均有侧门可通祠堂外面。廊道南北两面的落地长窗均雕刻精美的花卉图案。

民国初期,族长朱洪裕扩建祠堂,在原来厢房和天井南面建造房屋4间,其中,最东面1间为厨房,另外3间称"前屋",中间那间最南面有正门,为进出祠堂的主要出入口,上方贴挂"朱顺公祠"楷书匾额,匾额下方是石库门,门框内装有两扇厚板墙门,门上按着类似"狴犴"(似狗似狮)头的铜环。

因年代久远,朱顺公祠给后人留下诸多谜团,也有了各种趣谈。相传,朱顺公是朱家坝朱氏始祖,是明朝开国皇帝朱元璋后裔。建文年间,为躲避皇室倾轧,就隐居在后称"朱家坝"的芦苇滩上,挖地筑池养鱼,修建村舍,繁衍后代,发展成为朱家坝自然村。因崇尚儒家仁政之说,"专欲以仁政化民",朱家坝朱氏后人就在长村子自然村建造了朱家祠堂,并将其命名为"朱顺公祠"。

据当地90多岁高龄(1931年生)的老人张生生介绍,他出生在祠堂旁边,不远的地方还有条塘叫"大家塘",又称"老坟塘",是朱氏家族的祖产,大约从明朝起,直到民国末期,朱氏家族每年过年前都要抽干鱼池,捕捞水产,然后在祠堂里举行盛大的祭祖活动,并大办筵席,场面相当隆重。办活动的经费,一部分来自朱氏家族公有田地的租米收入,筵席限朱家坝正宗朱姓各家主人赴宴,外地迁来的朱姓和外姓都没得吃,朱家坝朱氏称其为"吃祠堂"。

变身学校教书育人

1945年抗战胜利后,为传承历史文脉和儒学风范,朱家坝的朱仲青(1906—1962)先生开办了吴县朱家坝国民小学,校址就在朱顺公祠堂内。

朱仲青幼年在苏州城里一位名师的私塾里读书,为人知书达理,温文尔雅,后进入东吴大学文学系深造,成为一个学识渊博的文人。

1950年至1957年,祠堂用作公办完全小学,称"朱坝公办小学"("朱坝"为"朱家坝"简称),由公派教师执教,其中有上海复旦大学、交通大学毕业的王志岐、李志忠等老师,课程开设有国语、数学、珠算、修身等,还开设了英语课,人称"洋学堂"。

1957年,朱坝的"民生社"发动社员将祠堂西面的朱氏家族"老坟"夷为平地,当时曾发现墓志铭,后仍被埋入地下。坟地遗址上新建了4间瓦房作为朱坝公办小学新址,祠堂改作教师宿舍与办公室。

1966年"文化大革命"中,朱顺公祠成为"革命"的对象,前屋被拆除并翻建成了朱坝大会堂。据村民朱阿二介绍,在拆除过程中,祠堂内的翻轩中储藏的几麻袋书卷、历代祖先的画像、族谱等宝贵资料损失殆尽,供奉着历代祖先神位的万年台坍毁消亡,祭祖活动终止。

1968年下半年,朱坝和郑仙庄合并为新联大队,朱坝大会堂另作他用:置小钢磨、粉碎机等粮饲加工设备,成为加工厂,后改为杂物仓库。

20世纪80年代初,祠堂被彻底拆除,地块用于建造民房,朱顺公祠从此消失。

文史爱好者追根寻源

为将朱家坝朱氏的由来和朱顺公祠的历史弄个水落石出，2014年11月，黄桥街道方浜村的几位文史爱好者在黄桥街道办事处的支持下，对"老坟"和祠堂旧址进行了小规模考古发掘，希望找到墓志铭，还把"文化大革命"时期发现墓志铭的当事人请到了现场，但由于年岁已久，方位已经不能确定，文史爱好者在寒风凛冽的冬季里挖了一星期的时间，还是没有找到墓志铭，只是在老人口中得知，朱家坝旧名"朱家角"。

后来，心有不甘的文史爱好者几经曲折，在道光《浒墅关志》找到了有关朱顺公祠的记录："朱氏宗祠在朱家角，祀明崇明守府官孙，本支子孙祔，康熙五十五年建。"原来，地方志记录的朱顺公祠的名称是"朱氏宗祠"，纪念的人叫朱官孙，地点当时属浒墅关管辖，随着历史变迁，后来才归黄桥管辖。

根据道光《浒墅关志》记载，朱官孙的祖先叫朱聊，是北宋乐圃先生朱长文的侄子，进士出身，担任楚州（今江苏淮安）通判，后来迁居湖北襄阳樊城街。传到朱官孙的时候，于明朝洪武二十五年（1392）迁居苏州，后来因为立下军功，被授予崇明守备的职务，安家于浒墅。他的后裔朱旭原名朱灏，字养浩，是个太学生，崇祯年间担任四川省重庆府江津县知县，不久调到成都，担任按察司经历职务，张献忠攻占成都时，他奉巡抚的命令守城十个月，后来城池陷落，他作战而死。朱旭的曾孙朱王仁，字予卓，长洲县秀才，学问渊博，和当地人沈光熙、王宗源齐名。

令人遗憾的是家谱、墓志铭未能找到。不过,朱顺公祠这座弥足珍贵的古祠堂,作为黄桥的一张历史文化名片,虽然难再相见,却是名副其实的。

第三篇章

桥接未来

打造"双中心"建设的"黄桥样本"

位于苏州市域地理中心的相城,是苏州大市范围内沟通南北、联动东西的重要枢纽。在中国铁路的坐标系中看,国家"八纵八横"的大动脉京沪线和通苏嘉甬在相城交会,苏锡常城铁和如苏湖城铁穿越高铁苏州北站,4条线路共同形成"黄金双十字"。苏州市委高瞻远瞩,赋予了相城打造长三角区域枢纽中心、现代化高科技中心城区的"双中心"建设重任。

展望相城建设"双中心"的新征程,被纳入相城中心城区的黄桥怎么办?桥乡人描绘了产业融合、城市更新、民生福祉、和谐稳定四幅蓝图,以"敢为、敢闯、敢干、敢首创"的担当作为,打造相城"双中心"建设的"黄桥样本"。

蓝图一:"三个打造"找准产业发展公约数

——打造更具活力的产业集群。把全力服务保障好苏州实验室、青苔科学家村片区的全面建设发展作为黄桥当前的"一号工程"推进,并以此为契机,优化街道"2+4"现代产业体系。不断创新招商理念,注重"链式招商",以龙头型、标志性、现象级优质项目的"链主"效应盘活带动存量产能更新升级。坚持创新驱动引领高质量发展，服务好存量企业，擦亮民营经济"金字招牌"，尽最大努力帮助企业稳经营、增订单、拓市场、扩空间，全方位保障企业转型升级。运营好黄桥未来工场、三角咀工业创意园等载体，加快东挺河科技智造项目、中试产业园等开工建设，服务本地优质企业的同时拓展经济发展的新空间。积极对接市场化基金，引进基金管理公司和基金注册，用好资本"活水"赋能企业发展。

——打造更具动能的科创高地。依托"荷香人才"库政策倾斜优势，用好科技镇长团、博士后工作站、人才会客厅等资源，大力培育区级领军人才、姑苏领军人才、省双创人才。鼓励企业申报各项科技项目，开展知识产权系列宣传活动，大力支持新授权发明专利申报，努力培育新的经济增长极，在相城"双中心"建设中贡献更多"黄桥份额"。

——打造更具特色的发展格局。抢抓长三角一体化、上海大都市圈等重大发展战略机遇，锚定"双中心"建设的时代使命，寻求自身的立足之地、发展之路。结合苏州实验室和青苔科学家村落地黄桥的有利契机，布局贯通研发与生产的产业集群。充分发挥区位、交通、生态等天然禀赋，加强周边板块协同联动发展，强化毗邻区域合作发展。高标准推动中日（苏州）地方发展合作示范区保税仓库常态化运营，释放中日保税仓库辐射带动效应，在相城、苏州的更大坐标系中找准"黄桥定位"。

蓝图二:"三个更高"彰显现代新城精气神

——更高水平推进城市建设管理。坚持一张蓝图绘到底,加速推进全域城市设计落实落地,切实构建"一轴、两带、三心、四片"的现代田园城市格局。优化青苔科学家村地块规划设计及控规调整,根据基础设施建设进度和土地开发时序,开展品牌推广及影响力提高活动,挖掘土地价值,滚动开发配套建设,充实产业和服务业项目。加快青苔国际工业设计村、黄桥数字金融街区、数字经济产业园竣工,推进产城融合、职住平衡,展现现代化中心城区新形象。

——更高层次推动城乡融合发展。统筹城市建设与乡村振兴"双驱动",继续高质量开展全域土地综合整治,围绕重点项目、重要地块实施精准搬迁。持续改善交通路网,完成兴盛路一期、二期、纬七路等5条道路的建设,启动盛业路、安元路东延、文体中心配套道路建设;开展方家浜河道驳岸整治工程。扎实推进安置房项目建设,全面对标,倒排工期,确保中央公园二期A区及朝阳河南、S228东2号安置点一期C地块竣工交付。

——更高规格描绘城区靓丽底色。坚持"生态优先、以人为本、产城融合、彰显文化、全域统筹、因地制宜"的规划原则,严格落实农村人居环境长效整治工作,实施垃圾、厕所、污水"三大革命",打造"一村一品""一村一景"的全域大美格局。完成高标准农田建设、鱼塘标准化改造。加强辖区道路日常巡查及养护维修,做好街道控源截污工作,做好待交付安置小区的垃圾分类配套设施建设工作,同步完善黄桥街道垃圾分类全覆盖高质量片区建设。

蓝图三:"三个加快"画出为民服务同心圆

——加快优质公共服务供给。高标准推进苏州大学黄桥实验小学建设,确保2024年9月投入使用;配合做好相城中学建设,保障2023年9月投入使用;全力协调保障中央美术学院附属苏州中学、美育中心落地。积极引入多样化优质教育资源,推动形成义务教育与高等教育优势互补,基础教育与特色教育多元并举,赋能黄桥教育量质齐升。紧盯百姓家门口的"幸福圈",推进"一刻钟便民生活圈"建设,创建儿童友好社区,加快推进黄桥文体中心、黄桥市民文化广场建设和农贸市场改造提升。结合街道城市化推进进程、社区治理现状,实施村(社区)一站式便民服务站提档升级。

——加快提高社会保障水平。围绕"保健康、防重症"的核心任务,因时因势优化"乙类乙管"后的防控措施,全面做好老人、儿童等重点人群的服务保障。持续探索"社区+物业+养老"新模式,推进街道区域性养老服务中心、综合为老服务中心建设,促进医养、康养结合。强化民生兜底保障,加大残疾人、失能失智人员等特殊困难群体的关爱服务力度。大力发展社会公益、慈善事业。扎实做好双拥工作,推动服务体系提质增效。

——加快提升生态环境质量。积极响应"双碳"目标,秉承生态优先发展理念,用足"绣花"功夫提升城市品质。突出精准治污、科学治污、依法治污,严格落实涉气企业治污设施配套建设,大力开展无废城市建设,落实区域内工业涉水企业雨污排口专项整治,加强村级工业集中区涉磷企业降低磷排放,推动企业涉磷废水、生活污水等接入污水管网,杜绝污水直流入河现象。

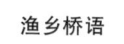

危废监管单位开展专项检查，以信息化管理平台为抓手，逐步实现危险废物应管尽管。

蓝图四："三个坚持"筑牢基层安全压舱石

——坚定安全发展理念。以排查、整治、执法、防范为主线，强化安全监管，开展三级标准化复查复审质量审计。针对有限空间、粉尘涉爆、金属熔炉铸造、危化品使用等领域持续开展安全生产大检查。坚持用好应急管理数字平台，理清企业底数，督促企业落实安全风险管控措施，推动企业安全风险工作从发现风险到管控风险的转变。

——坚定全域社会治理现代化。以共建共治共享为导向，以防范化解风险隐患为切入点，以提升人民群众获得感、幸福感、安全感为落脚点。深化反诈宣传，新建反诈阵地。做好农民工工资支付保障工作。加强信息预警机制，优化网格化管理机制，提前掌握矛盾焦点，把握全局。持续开展社会矛盾大排查、大化解行动，完善矛盾纠纷多元化解体系，做好信访积案化解工作。

——坚定创新"枫桥经验"。大力推进"枫桥式村（社区）"建设，进一步增强村（社区）平安建设能力，发挥其在化解社会矛盾、维护社会稳定中的基础作用，实现"小事不出村、人事不出镇、矛盾不上交"。根据新时代主要矛盾的变化，不断创新"枫桥经验"工作理念、方法，畅通和规范群众诉求表达、利益协调、权益保障的通道。

勇立潮头的"老板镇"

黄桥是远近闻名的"老板镇",一个只有2万多人口的小地方,办起了1000多家企业。

有人说,吃鱼长大的人特别聪明,"渔乡"黄桥人天生有一个做生意、搞经济的头脑。苏州解放初期,农闲时节的黄桥人摇着小船到处吆喝,在"换糖"声中做点小生意;大农业时,黄桥人拆布头、糊硬衬搞起了副业,胆子大一点的还弄起了小五金;改革开放后,放开了手脚的黄桥人摆脱种田、养鱼的束缚,村村办起了工业,走上了"无工不富"的新路;在计划经济到市场经济的转型中,敢闯敢试的黄桥人转身投入民营经济,一家家民营企业像雨后春笋般涌现。

从小作坊到"老板镇",黄桥工业经济留下了一个个坚实的脚印。今天,黄桥人勇立高质量发展的潮头,在转型创新中描绘经济社会发展新蓝图。

小作坊"孵"出10家集体企业

黄桥的工业经济是小作坊"孵"出来的。

早在20世纪40年代，金山村就有张锦文、郑金荣2位村民赴杭州学习做板刷手艺，初步学成后，回老家筹建自制板刷业。在他俩的发起下，村上的郑金宝兄弟3人和郑和尚、郑根水等人，边学边干，跟着一起做起了板刷，组成了一个个家庭小作坊，每户独立，自主经营，自产自销。

到了互助合作时，金山巷南村的制刷经营户联合起来协作生产。1957年，农村实行高级合作社时，金山村把巷南的制刷组和其他板刷制作散户集中起来，再增加些生产人员，组成金山板刷制刷工坊（后称"金山板刷厂"），成为黄桥乡最早的村办集体厂。有了样板，黄桥一些个体小手工业也陆续建立互助合作作坊，并逐步发展成为集体小手工业合作社。

金山板刷厂是黄桥社队企业的"发源地"。1958年，黄桥人民公社成立后，从金山板刷厂尝到甜头的黄桥人办起了粮食加工厂、制鞋厂、布衬厂、帽子厂、成衣厂等社办大集体企业。20世纪60年代末至70年代初，农具厂转为农业机械修理厂，修理农机、农业药械、柴油机、小型手扶拖拉机等；后组建黄桥布厂，生产中长纤维布、化纤布、鞋底、帽子、劳保用品等。1974年，组建木制农具厂，后改为黄桥木业社，并组建黄桥建筑站。1975年，开办喷漆厂，后又派生出喷涂厂。1977年，创办黄桥化工厂。1978年，开办黄桥缂丝厂，后改称为"吴县缂丝四厂"；开办黄桥水泥制品厂（预制场）、黄桥汽车修理厂，接着开办了吴县黄桥环保设备厂，后更名为"苏州市香雪海五分厂"，把黄桥农机修理厂改扩建为黄桥渔业机械厂。

就这样，黄桥拥有了10家社办大集体企业，工业产值400多万元，这在那个"以粮为纲"的年代，令左邻右舍好不"眼馋"。

"工业明星"被誉为"集体致富榜样"

党的十一届三中全会后,黄桥人破除"左"的思想禁锢,抢抓改革机遇,理直气壮搞工业,相继建办了黄桥喷漆厂(后又派生出黄桥喷涂厂)、黄桥电子设备厂、黄桥微型电脑厂、苏州市春菊电器有限公司、苏州申达汽车配件有限公司、苏州市恒通开关有限公司、江苏新安电器有限公司、冯氏实验动物设备有限公司、苏州圣达电路板有限公司、苏州市吴通通讯器材有限公司、苏州市黄桥正东滴塑厂、苏州市金瑞机电制造有限公司、苏州市木易船舶设备有限公司、苏州洁霸电器有限公司、苏州市华源金属制品有限公司、苏州市中谷模具有限公司、苏州市顶地电器成套有限公司、苏州市万达纺织品有限公司、苏州骏丰光学镜片厂、吴县五洲电焊条厂、吴县集装袋厂、苏州市效明植绒珍珠布公司、黄桥建筑安装公司、苏州市黄桥电镀中心等。

家庭联产承包责任制以后,农村生产力充分解放,大量剩余劳动力向社队工业转移,推动黄桥工业经济进入了快速上升期。也就在这个时候,黄桥抓住了社队工业与城市工业横向联合的机遇,联合的既有上海等地的大企业,又有本地的县属厂矿企业,还有大专院校的科研单位;既有零部件加工、工艺配套的联合,又有联产、联购、联销一条龙式的联合,还有组建公司、总厂、分厂的联合。

黄桥人走出了一条农村工业化和城镇化的新路,占上、张庄、青台被吴县人民政府命名为"工业明星村"。1987年6月,全国政协副主席费孝通考察占上村村办工业时给予了高度评价,现场题词:村办工业先锋,集体致富榜样。

1990年以后，沐浴着深化改革的春风，黄桥诞生了当时吴县第一家民营企业。随着社队工业的纷纷转制，黄桥的民营企业如雨后春笋般迅速崛起。黄桥人依靠"跑遍千山万水，说尽千言万语，吃尽千辛万苦，排除千难万险"的"四千四万"精神，走南闯北找市场、引项目、学技术，展示了"草根工业"的强盛生命力。2000年，黄桥镇企业总资产超过11亿元，年工业销售16亿元，利润1.4亿元，上缴国家税收4000余万元。

黄桥工业令人刮目相看。2000年6月，《新华日报》报道《吴县有个老板镇》，称只有2.6万多户籍人口的黄桥，拥有大小本土民营企业1400多家，每17人中就有一个老板。同年8月，《苏州日报》用整整一个版面，刊发黄桥私营企业发展纪实。

转型升级释放创新发展新动能

黄桥有着良好的工业基础和创业氛围，这是黄桥人引以为傲的资本。黄桥人也在摸爬滚打中明白，过去的发展只是解决了"有没有"的问题，总量扩张的背后是安全生产、环境保护、城市管理等方面的考验。黄桥工业经济要高质量发展，转型升级势在必行。

站在新起点上，黄桥勇于变革，向电镀（线路板）行业和"散乱污"企业"亮剑"，先后淘汰整治了"散乱污"企业900多家，关停不达标电镀（线路板）企业20多家，拆除电镀生产线100多条。

腾笼才能换鸟。黄桥人通过全域土地综合整治，将原来区域内老、旧、散、小的产业用地腾挪、转型、集聚，整合出5000

多亩产业用地,建设黄桥智能产业国际研发社区,以大研发产业为核心,打造大数据、金融科技、工业互联网、先进材料等产业高地。

在黄桥的经济发展版图上,功能齐全的高端园区和项目亮点纷呈。

相城(黄桥)生物制造产业园重点引进以新药创新、医疗器械、生物技术、服务外包及纳米技术为主的研发创新型产业项目,构建以智慧医疗为核心的生物科技智慧创新高地。

未来工场着力打造航空航天产业园,为新一代电子信息、工业设计、先进材料、卫星导航服务等高端产业提供科技孵化、研发制造、产业加速器等功能的载体培育发展功能。

三角咀工业创意园集企业办公用地、科技孵化研发中心及高端生产厂房于一体,配套人才公寓与商业设施,重点发展工业设计、工业互联网等前沿产业。

黄桥数字金融街区项目采用城市居住产业培育和商务办公一体化的街区模式,为数字金融、非银金融数字办公等搭建平台。

青苔国际工业设计村以国际工业设计为核心,规划一个接轨国际、功能交错的城市园林,布局一个门类齐全、创意无限的设计产业,建设一个文旅融合、配套齐全的特色空间,着力打造苏州的工业设计新高地、文旅消费新地标和城市生活新范本。

"电镀乡"的崛起与蜕变

黄桥有"电镀乡"之称，辉煌时期的2007年，形成了146家电镀（线路板）企业的规模，电镀工业成了黄桥这个"老板镇"一张亮丽的名片。

黄桥人依靠电镀发了家，更为小电镀的污染问题犯起了愁。要金山银山，更要绿水青山！黄桥人拿出壮士断腕的勇气，对电镀业进行整治和提升，引发了"电镀乡"的新一轮蜕变。

农科站里诞生第一家电镀小厂

黄桥的第一家电镀小厂是在农科站里诞生的。

20世纪70年代末，吃苦耐劳的黄桥人在感受改革开放的春潮时，按捺不住探究的心，走出黄桥去参观、学习、考察，探索"工业强镇"的新路。

经反复比对，黄桥人最终把目光落在了电镀和线路板上。于是，苏福祥和各大队抽出的几个人聚在一起，利用原来的农科站，办起了第一家电镀厂。随后，几个大队纷纷效仿，逐步冒出了木巷电镀厂、吴县塑料电镀厂、黄桥电镀中心、大庄电镀工艺车间等小电镀企业。从部队转业到中学当老师的江继忠，看到电镀业的迅猛发展，毅然"下海"，与儿子江晓明一起搞起了小电镀。

创业需要吃苦精神。几间简陋的平房，靠自行车作交通工具；没有像样的设备，靠几只塑料大号面盆，用塑料焊制几只槽子；用嗡嗡发响又发烫的整流器调整电压；把河浜水过滤干净作电镀用水；用一个台钟来计算电镀时间。当时的氰化金钾虽说便宜，只要9000元一公斤，但控制非常严格，只有中国人民银行才有，化工药水也非常短缺。氰化金钾货源不足，他们便想办法协调；实在没有，就动员职工用自己的黄金首饰进行置换。

创业更需要有心人。顾阿六从部队退伍回来后到木巷电镀厂跑起了外勤。有一次，他去探望战友左锡生，战友当上了无锡表壳厂厂长。顾阿六看到左锡生手上戴着一块亮光闪闪的金表，好奇地问道："你了不起呀，怎么有钱戴上了金手表？"左锡生笑了笑说道："24K镀金表，表壳是我们厂里生产的，外壳在你们苏州第三中学校办厂加工镀上了金。"说者无意听者有心，好家伙，这不就是我想要的业务吗？老战友二人的这场交流促成了合作，增加了开拓市场的动力。

黄桥的小电镀不仅做日常生活中的餐具、手表、手机、汽车行业零部件的镀饰，有的还深入高精尖行业。康普来镀饰有限公司与航天航空事业单位合作，办成了指定的加工企业；黄桥电镀中心为国际国内各体育运动会的奖牌进行镀饰加工等。

黄桥电镀人还自主创办了黄桥电镀中心，从一个小作坊开始，逐步发展到上亿元规模的电镀中心。经验丰富的苏福祥跑到上海滩去闯市场，企业成为上海造币厂、上海造币二分厂、南京造币厂、武汉造币厂等定点加工厂。

"土专家"写出电镀"黄金书"

创业是需要智慧的。电镀企业在黄桥办得风生水起，成了黄桥的主要企业，至2007年，企业数量已经发展到146家。为了促进协同发展，黄桥成立了电镀商会，以商会搭平台，共同探讨市场的发展，一起在新的工艺技术上升级改造，赢得更广阔的市场。

占上大队的马迁是20世纪60年代的"高才生"，完成学业后，他毅然回到家乡，与苏雪根、周春友、杨雪生、姚桂元一起，创建了吴县塑料电镀厂。塑料电镀厂，顾名思义就是在塑料上镀铬镀金，镀饰件都是塑料制品，小至黄豆大小的旋钮开关，大到半导体、收音机。塑料表面的处理比较复杂，零件中有的凹凸有孔，有的长长短短。马迁想尽了办法，没有专业的设备清除塑料表面的油腻，他设法用编织的尼龙网袋，在网眼大小不一的网袋中放入不同规格的产品，进行除油、清洗。上海的专家、工程师们看到了都惊讶不已，称他为"土专家"。

马迁在工艺上不断探索和实践，编写了一本电镀行业的"黄金书"。书中，他分析塑料电镀以及其他产品在电镀加工过程中出现的问题，还提出排除和妥善解决的方法。常见的电镀壳皮和镀层表面的波浪形、斑点状问题，在这里能找到答案。电镀人纷纷请他去讲课，作现场指导，马迁由此被人尊称为黄桥电镀的"老法师"。

有了马迁，吴县塑料电镀厂在上海声名鹊起。当时，上海无线电二厂的红灯牌收音机（后来称为"收录机"）、上海无线电三厂的春蕾牌半导体，以及上海一〇一厂的海燕牌电子产品等，都找上门来合作加工。当时流传着这样的顺口溜——"春蕾一声震天响，吴县塑料电镀厂""红灯闪闪亮，占上工业名气响"。

黄桥人在电镀业上闯出了一番新天地，走上富裕路后不忘报答社会的关心和支持。黄桥电镀企业历年上缴的税收，占据黄桥税收总量的五分之一。截至2023年，黄桥电镀企业在苏州的慈善事业认捐1000万元，为黄桥各种慈善活动捐款累计超2000万元。与因病致贫的学生结对帮扶，黄桥电镀人也一直在路上。

"壮士断腕"整治"小电镀"

2008年，是黄桥电镀业的一个重要分水岭。

当时，小电镀对环境的污染已越来越为人们所重视。从2008年起，黄桥街道痛定思痛，着手开展区域电镀（线路板）的综合整治。2009年，建成了集中污水处理厂，并建立3个电镀（线路板）工业集中区，企业数量减少到65家（主体企业），电镀生产线452条。

过后几年，黄桥街道按照"淘汰一批、转型一批、提升一批"的工作思路，从加大监管力度、提升治污能力、淘汰落后产能等8个方面着手，全面推进电镀（线路板）企业的整治。

在全面整治的同时，部分黄桥电镀人决定走出去寻找新的发展之路。21世纪10年代，许多黄桥电镀企业陆续搬出，成为安徽郎溪、广德等地的主要企业，还在镇江、江阴、南通等地开展业务。

2013年，黄桥街道出台了《电镀（线路板）企业转移、转型发展的若干政策》,鼓励企业对外转移、淘汰落后产能,开展"腾笼换凤"转型发展。针对企业转移、转型过程中造成的停产、设备搬迁、人员分流等损失,黄桥街道给予一定的政策扶持。

截至2016年底,黄桥街道关闭电镀(线路板)企业25家,关闭生产车间138个,拆除电镀生产线217条。

2017年,街道党工委、办事处出台《黄桥街道关停电镀(线路板)整治方案》,至2017年底,关停电镀(线路板)20家,拆除电镀生产线73条,完成挂靠企业全部清零。

2018年,黄桥街道共有电镀(线路板)企业20家。根据区委、区政府发布的《相城区环境保护和污染治理三年行动计划》,淘汰关停电镀(线路板)企业12家,剩余8家企业于2018年6月30日前,完成污染治理整改及验收,并于2019年底前全部实现含一类污染物(铬、镍、镉、银、铅、汞)废水零排放。

"电镀乡"正在蜕变中逐渐淡去。如今,被纳入相城区主城区的黄桥,正在徐徐展开"都市经济集聚区、高端商务服务区、生态休闲宜居区、富足安康惠民区"的全新蓝图。

优美洁净的"金黄桥"正在向黄桥人招手。

新版"黄桥保卫战"

1999年6月下旬以来，暴雨如注，使本来地势低洼的吴县市黄桥镇四面受困，横穿全镇的西塘河水位直逼5米，超过了1991年、1994年的水位。23公里长的"大包围"圩堤全线告急，一旦出现决堤，全镇13个村的6000多亩农田、6000多亩鱼池及民宅将遭灭顶之灾，还将殃及附近的郊区浒关镇。

面对洪魔，黄桥镇干部群众奋起抗灾，与解放军战士一起，打响了一场气壮山河的新版"黄桥保卫战"。

在大堤上过"组织生日"

7月1日，对黄桥镇的许多共产党员来说是个永生难忘的日子，他们在大堤上度过了一个特殊的节日。

凌晨5时多，忙碌了一夜的镇党委书记金林生正抓紧时间打瞌睡，电话铃又响了，一处圩堤出现决口，2.5万黄桥人民的生命财产受到严重威胁。老金忧心如焚，他已连续几天没有睡觉，甚至已3天顾不上刷牙、洗脸，每当险情出现时，他指挥、调度人员、物资，连抢险物资的航行路线都一一关照，保证以最快的速度到达出险地点。金林生已不知多少天没有回家了，爱人实在不放心，6月30日，听说朝阳河决口，她踩着泥泞的小道冒雨赶到现场。她看到金林生坚强地站在大堤上，悬着的心稍稍放了下来。

7月1日早上，已连续在大堤上奋战了几天几夜的镇党委副书记杨根泉，头痛难忍，准备去医院挂水。作为镇抗洪副总指挥的他在临走时，还坚持沿着圩堤巡视了一遍。突然，他发现了一处圩堤决口。这时，手机不慎进水，四周又空无一人，杨根泉摸着齐胸深的水抄小路到附近青台村去找人，浑身湿透的他顾不上病体，迅速制定抢救方案，用6米长的钢管打桩筑堤，并带头跳入河中帮忙，直至决口堵住为止。险情排除了，杨根泉终于进院挂水了，两瓶盐水才挂了一瓶，险情又出现了，他二话没说，拔掉针头又奔赴现场。

7月1日这一天，黄桥镇圩堤出现一次次险情，共产党员在滔滔洪水中经受了洗礼，用自己的实际行动向党组织交了一份出色的答卷：镇调研员王小弟、朱文达主动到第一线参战；派出所所长陈惠海带领的由民警、联防队员组成的抢险队一夜抢险3次；各村的抗洪领导小组24小时待命，轻灾区支援重灾区；黄桥村50多岁的老党员马进康，村里照顾他，没有让他加入抢险队，但他仍主动跑到现场。

感谢亲人解放军

黄桥决堤抢筑取得阶段性胜利。解放军战士们乘坐汽车即将启程离开，镇机关干部紧紧握着战士们的手，送了一程又一程。"黄桥人民感谢你们！"路上的群众也停下来与战士挥手道别。

多亏亲人解放军。几天来,每一个黄桥人都知道,要不是亲人解放军,黄桥的许多村也许已成了一片汪洋。6月30日中午,大雨滂沱,朝阳河决口,部队正好赶到,顾不上吃饭即奔赴出险现场,战士们在水里奋战2个多小时,终于降伏了洪魔。

7月1日,西塘河沿线险情不断,有一决口长达20米,镇领导决定,用建筑钢管做桩加固圩堤。部队参谋长周德明现场指挥,某部团长李保平说,今天是党的生日,党员们带头跳下去。李保平率先跳入水中,参加过1998年九江抗洪的三连党员突击队队长刘接也跳下了水。在他们的带领下,30多名战士跳入了水中,水流湍急,人站在水里就被水冲倒,岸上的战士在决口处拉起绳索,水里的战士拉住绳子,排成人墙,挡住水流;堤上的战士扛着一包包沙袋在圩堤上来回飞奔,由于圩堤较窄,战士无法交会,空身的战士全部涉水返回。一包包的沙袋被扔进决口,飞溅的泥水落在河中战士的脸上,他们连眼睛也睁不开……战士们奋勇顽强的精神,为保住西塘河大堤、保护人民群众的生命财产做出了贡献。

看到黄桥人民遭受洪涝灾害,官兵们奋不顾身抢险,然而,许多官兵的家里同样遭受着洪涝的侵袭。来自望亭的战士谢文明在电视中看到家中也被水淹,却没有时间与家人联系、询问灾情;运输股长张海关家住苏州南门二村,家中进水,妻子打电话要他回家搬家,他4天没离开黄桥一步;政治处干事杨晓勇,妻子预产期已到,他却一直奋战在抗洪第一线。

三天半时间,部队帮助地方日夜抢险,往往一天工作12小时。但为了不给地方增添麻烦,部队都自带了炊具、木柴、棕垫、背包、粮食,把"家"搬到了黄桥。黄桥的群众深受感动,幼儿园的老师自发出钱做了点心，蹚着深水将点心送到战士们的手中，有的个体业主还将盒饭送到现场，慰问亲人解放军。

只要抗洪抢险需要

一日，大庄村出现决口，村里的群众自发抢险，许多群众站在水里，用家里的棉被、毛毯堵决口，速度跟不上时，干脆将棉被从楼上扔下来，闻讯赶来的干部被这一场面深深感动，纷纷跳入水中，干群合力，锁住了洪魔。

汹涌的洪水淹没了许多农户的粮田和鱼池，群众遭受了很大的经济损失，但他们对政府给予了理解和支持。每当险情出现时，老百姓总是全力以赴，有人出人，有钱出钱，有力出力。

镇防汛值班人员日夜在圩堤上巡逻，老百姓腾出房让值班人员稍稍休息；出现险情时，农民家里就成了临时指挥部；青台村灾情严重，村里的群众在村民委员会的带领下参加抢险，还支援邻村抢险……

民营企业在抢险中全力提供物质支持。当抢险需要钢管时，铸管厂无偿提供30根钢管；利飞制品厂将下脚毛料打包，装到车上，厂长马卫明说只要需要，可随时送到现场。建筑个体户苏金才将施工用的设备亲自送到现场……

老冯是位外地民工，在黄桥做工多年，对黄桥有着深厚的感情。当险情出现时，老冯与手下的10多位民工一起冲锋在前，由于经常在水里浸泡，手脚都烂了。老冯他们被黄桥人亲切地称为"黄桥突击队"。

战天斗地牵出鱼种繁育佳话

黄桥是渔乡，以前的鱼种基本取自长江滩涂。

为何内塘养鱼的鱼种要千里迢迢奔到长江边去谋取？因为长江的鱼种是经历过自然考验的，存活率特别高。每年汛期，青鱼、花鲢、白鲢等鱼会逆流游到上游产子，鱼子自西向东随着一江春水向东流，流到中下游地区的滩涂上。赶到这里求鱼种的渔民会提早在长江边钉好毛竹、拦好渔网，把鱼子接应到鱼箱里。

自然的鱼种确保了北庄基养鱼业的良好发展，世世代代，经久不息。围绕这鱼种，渔乡也在战天斗地中传出了一段段鱼种繁育的佳话。

洪涝天灾淹不灭渔民的筑堤壮志

北庄村以前是一个大渔村，西边拥有2400多亩水面，这片广阔的水域出产黄桥著名的粉青鱼，是黄桥人养殖粉青鱼的大金库。

可是，养鱼总是受制于自然，一旦遇水灾，结果不堪设想。为了确保数百个鱼池的安全，确保整个黄桥渔乡养鱼事业的发展，黄桥决定筑一条高高的围岸。这样，即使遇到水灾，鱼池也不至于被淹掉。在设想中，这条"大包围"圩堤涉及河东、河西、永兴、青台、占上、黄桥等村落，它的建成将使黄桥大部分村民受益。

20世纪60年代初，这项巨大的工程开始动工。北庄村西部的鱼塘与浒墅关长青交界处原本曲曲弯弯、犬牙交错，为了建设"大包围"圩堤，双边协议分割出南北一条直线，北庄村把霹雳震、东状元花子潭、西状元花子潭等划归长青。筑前，中间的百脚潞、荡网潞、牵龙湾等都直通西塘河；筑后，它们被生生拦截，变成了死浜头，这是为"大包围"圩堤做出的一些小牺牲。

不料，在工程进行到中途的时候，发生了一场大水灾，冲垮了渔民美好的愿望。

1962年9月6日早上，雨水倾盆而下，直往池塘中灌。这场大雨整整下了一日一夜，待到9月7日早晨，北庄村西部白浪滔天，洪水泛滥，鱼池全部被淹，村民看不见一条像样的池岸。

为了尽快挽救危情，当地政府对灾情严重的北庄等大队推行优待政策，队里买东西，可以直接用布包着鸭蛋形的队章到生产资料部签单，开好发票后再到信用社开出贷款。

灾情中，渔民虽然已经做好了逃走一年鱼要吃三年苦的打算，但事实还是给了他们最严峻的考验。池塘的鱼逃得所剩无几，一亩水面仅剩10斤鱼。无奈之下，他们只好到外河和平时不养鱼的西堰栅去牵网，但这远远够不到以后养鱼的基数。

天降水灾，更加坚定了渔民筑"大包围"圩堤的决心。当时，黄桥公社成立后的第一任党委书记是一位渡江干部，名叫范乃吉，他率领渔民围岸筑堤。渔民一见工场上红旗升起就会出工。

一晃，时间已至隆冬，这一年当地气温特别寒冷，竟然降至零下7度,范乃吉书记为了鼓励大家,总是操着浓重的苏北口音说:"不冷!"

四处淘鱼苗吃尽千辛万苦

水灾让北庄的鱼池连成一片,抢网起来的鱼混在一起,河东和河西进行了合理分配。

仅有这些鱼还是远远不够养殖的,渔民必须抓紧准备鱼种。

由于收购长江鱼种受时间限制,渔民还得设法另行购买鱼种。大队派人到浙江临河去,那里的鱼种虽然价格便宜,但质量实在无法保证,因为池塘大都隐在桑树田里,用箩筐扛出会致使鱼种受伤,再加上长途运输,更是死伤不计其数,放养300斤,吃了一年食,到下半年收起来的时候,不增反减,只剩250斤。一场自然灾害几乎掏空了北庄人的鱼种。

1963年,为了再次进好鱼种,大队又一次走浙江路线,派出渔民来到王家泾,借宿在大庙附近,经过一番周折,买到了浙江人工繁殖的白鲢片子,这让时任队长的葛盘根激动不已。在1966年黄桥建起自己的养殖场时,他对场长吴根男说:"到长江边弄回母鱼自己培养。总是在自己场内运作,那是近亲繁殖。多向浙江人学习,人家把场与场之间的雌鱼或雄鱼进行对调,这样繁殖的鱼才叫好呢。人家老早就会人工繁殖,一定要学习取经。"

1966年,北庄渔民提早到马甸去订购了50万青鱼秧,实则是青鱼片子,7到8分长。可是左等右等,没有音讯。大队长葛盘根和五队队长杨才金赶赴过去寻找场长,场长推说船在长江翻掉了。

怎么可以这样呢？葛盘根和杨才金据理力争，要回了一部分定金。尽管定金是要回来了，但鱼秧还是泡汤了，他们怀着痛切的心情去到当地邮电局拍电报。他们惜字如金，欲拍两个字"鱼无"，这也是预先跟家人说好的，一字3分半，两字需要7分钱，可是，这样的节省法，邮局是从无开过先例的，葛盘根他们坚持要为家乡节省每一分钱，又一次费尽口舌，终于拍回珍贵的两字电报。

黄桥人四处淘鱼苗吃尽了千辛万苦，也更加坚定了自己培育鱼苗的决心。

3年繁殖研究终于结成正果

黄桥人在三年困难时期中深深感到，靠天吃饭是不一定能经受考验的。养鱼最重要的是要解决好鱼种问题。既然自然的路径逐渐式微，何不自己琢磨人工繁殖的法子呢？

1964年，黄桥真正走上了人工繁殖鱼种的探索之路。当时日子穷苦，砌造产卵池都砌不起，为了尽可能节省成本，就用铁铲掘出一个水潭，造池完成后，用白布按照形状做一张大衬单，防止脏水进入，给鱼儿营造清洁的环境。放进一雄一雌组合的两到三组鱼后，用水泵不断打水，仿造长江流水原理刺激鱼排卵。放进池的鱼是事先打好激素的，起先激素要到上海去买，价格比较贵，后来为了省钱，改用鲤鱼脑子当激素打进鱼身。

母鱼产下的卵通过管道引到一边的箱子里。这些箱子是事先特意请当地木匠打造的，一开始试过缦细网，但网眼粗鱼卵容易流失，后来改缦了白布。把鱼卵放于这些网箱后，怎样再育成鱼秧呢？渔民们把网箱里的鱼卵安置到了西堰栅的滩涂上，用风浪冲击并坨的鱼卵，以确保繁殖成鱼秧。一旦风停下来，卵会沉淀下来又并坨，几天下来鱼卵就会发霉。1964年、1965年连续2年的繁殖研究中，虽然出了很多卵，但由于天公不作美，只得宣告失败。

1966年，进一步开展的实验推翻了以前借助河水冲击鱼卵的方法，而是打造了一个科学定制的橄榄缸，制造人工水流的环境让鱼卵保持自由流动状态。

橄榄缸差不多书桌高，直径40到50厘米，下腰一侧开一小洞，穿插进一根烟斗状的铁管，用水泥把洞口和管子搪好搦牢，伸进缸内的烟斗嘴弯口朝天安放。当水流从缸外的长管压进的时候，在缸内的管口向上喷涌，如同汩汩的泉水，水流在缸内上下循环，带动鱼卵上下漫游。为了确保鱼卵的健康成长，缸中的密度也有讲究，一般一缸控制在25万尾鱼苗。

鱼卵在上下循环的水流里漫游一个星期，逐渐蜕变成一条条小鱼苗，当背上出现一星点的黑色时，就可以下鱼池了，俗称"发塘"。下池塘20来天里，小鱼苗被称为"片子"，分春片和冬片。春片一般在一寸内，冬片长到二寸半以内。下池16天左右，开始牵第一网，俗称"浪网"，是让片子在网中轧上一轧，接受锻炼；下池18天，又牵第二网，让片子进一步接受锻炼；牵第三网在第20天，这回牵出的片子才真正可以分掉自养，或者出卖他养了。把这些片子投放进池塘，养到冬季并池就成鱼秧，叫"尺寸鱼"，一般三寸半，大一点的四寸多，再次出卖便叫"鱼秧"了，也可以自己留着养。

3年育苗，终于成功，自己放养后多出了100万尾白鲢鱼苗，卖给新联大队价值500元，北庄人用这钱买下一台显微镜，用于查看鱼病。

1966年后，吴县水产局安排2个养鱼培训名额。一个名额给了建国大队，那个大队拥有1000亩水面，也算得上内塘养鱼的大户；还有一个名额被北庄争取到，村里送蒋金华到泰州水校培训，学习防治鱼病等专业知识。

1970年，葛洲坝的建造直接影响了长江购买鱼种的来路，也进一步验证了黄桥人自己培育鱼苗的英明。

北庄两渔民的"高光人生"

1957年,北庄有两个渔民迎来了人生中的高光时刻。

《黄桥镇志》记载:"1956年底,北庄基(河西村)周小男被评为全国农业劳动模范,并于1957年4月参加北京全国劳动模范大会,受到毛泽东、周恩来等国家领导人的接见。同年12月,北庄基(河西村)唐阿土应邀去北京参加全国群英会,受到刘少奇、朱德等国家领导人的亲切接见。"

一个小渔村,先后产生了两名进京参加全国大型会议并受到国家领导人接见的渔民,周小男和唐阿土成了四乡八邻心目中的神奇人物。

把北庄养鱼业推向新高度

1925年,苏州虎丘山北麓的渔村——北庄基,增添了两个小渔民,一个叫周小男,一个叫唐阿土。他们出生贫苦,没有条件学文化知识,却是"穷人家的孩子早当家",早早继承父辈的衣钵,念起了养鱼经。

北庄渔村的养鱼历史非常悠久,养鱼技术也高超,民国《吴县志》载，北庄基"其畜之，也有池，养之也有道，食之也有时，鱼有巨细，以池之在小位置之，时有寒暖，视水清浊调和之（大要春夏宜清，秋冬不去浊也）。食有精粗，审鱼之种类饲养之（青鱼食螺，草鱼食草）。防其飞去，置神以守之。固春堤岸，植柳以卫之"。

20世纪50年代，正值北庄渔业稳步走上复苏之路，周小男和唐阿土因为年轻能干而在渔村担任了职务：周小男担任北庄新华初级社社长；唐阿土于1955年担任互助组组长，1956年担任新华三社社长兼民兵营营长，1957年担任新华高级社副社长。

这些年里，他们初生牛犊不怕虎，一个踏踏实实，埋头苦干，另一个冲锋陷阵，敢作敢为，在他们合力带动下，北庄村的劳动成果明显，在整个黄桥来说都是业绩显著。据《黄桥镇志》记载："1956年，全乡6149亩成鱼池，平均亩产达到488.3斤。公社全面推广北庄基池塘养鱼'水、种、饵、密、混、轮、防、管'的八字养鱼经。养鱼技术采取'四改'，即一改鱼种，小改大；二改水质，清改肥；三改早投饵，由春分改为立春开饲；四改鱼病防治，由防病改为无病先防。"

与其说是他们俩赶上了渔业迅猛发展的好势头，不如说是他们抓住机遇，成了渔业生产的领头羊。

是荣誉更是动力

两个年轻渔民因为工作出色，很快在渔村脱颖而出。

那时，周小男还是一个未婚青年，一心扑于渔事，他的踏实努力得到了政府和群众的认可，"全国农业劳动模范"的桂冠戴到了这个年轻人的头上,这让周边人惊奇,但大家也觉得在情理之中。周小男没有丝毫骄矜,一如既往地做好本分工作。

1957年4月,周小男进京参加全国劳动模范表彰大会,他觉得这是村上渔民的共同荣誉,进京参会更是宣传渔乡、推介黄桥特产的机会。会议期间,他一有机会就向与会者介绍黄桥的粉青鱼,这种鱼是北庄渔民自己培养出来的,由于鱼背部呈粉紫色,肉质鲜美,肥而不腻,上海人叫它"北庄粉青",也叫"黄桥粉青",逢年过节都要特意到黄桥去觅宝。

在北京开会期间,周小男受到了毛主席、周总理的接见,兴奋、激动之余,周小男更感到了自己肩上担子的沉重。

同年年底,唐阿土也应邀去北京参加全国群英会,他同样把黄桥北庄人的养鱼盛事传扬开去。受到刘少奇、朱德等党和国家领导人接见后,他也产生了和周小男一样的想法:是荣誉更是动力,一定要把村里的渔业生产搞得更好。

由此,"黄桥粉青"迎来了高光时刻,美名远播。黄桥人民幸福地感受到"养鱼千万利"。在20世纪六七十年代,进一步掀起了养鱼高潮,到80年代承包养鱼时期又一次掀起了养鱼大潮。

兢兢业业,勇立潮头

迎来人生的高光时刻后,周小男和唐阿土继续保持渔民本色,兢兢业业地造福邻里,踏踏实实地在北庄村做好他们的本职工作,始终是渔民的贴心知己和领跑车头。

1960年,黄桥1、2、3大队合并成北庄大队,姚根林担任书记,陈金生担任大队长。当时,唐阿土担任副大队长,管理蔬菜种植和繁殖场，周小男也担任了支委兼7队小队长。

他们的官职也许不大，但他们始终谨记那份荣耀，并将其化为工作的动力，敬业爱民，展现出来的善良本性为村民所称道。葛寿根父亲早亡，生活没有保障，唐阿土看到葛寿根母子三人孤苦无依，他于心不忍，匆匆赶回家里舀好米前往接济。唐老龙父亲也是早亡，又是唐阿土挺身而出，尽心尽力，一手操办，料理好丧葬事。

周小男的善良也是尽人皆知，他性格柔和亲民。结婚后，他与妻子夫唱妇随，勤恳工作，虽然他体型瘦小，力气不大，但干起活来总有一股子韧劲，像头黄牛。

唐阿土不仅在管理渔业上有一套，在工业兴起的大潮中也崭露头角。一次，北庄有不少女村民到占上拾麦穗，时任黄桥公社党委书记的范乃吉看到了问唐阿土："这些人是哪里的？为什么人家在大忙，她们有空出来拾麦穗？"唐阿土如实相告，因为北庄村里缺少土地，男劳力以养鱼为主，妇女基本只能在家做"家主婆"。范乃吉当时就指点迷津："那就开副业厂。"唐阿土是个实干家，一语既定，便立马付诸行动。从此他带领村民走上副业道路。首先兴办的是糊衬厂，派妇女走出小渔村，去邻村占上取经学技术，自己起早摸黑工作，凌晨三四点起床调制糊衬用的浆糊，这样工人七点钟上班就能保证用量了。筹备抛筒厂时，完全是白手起家，他亲自上阵，带头搭建茅草棚，让村民有了自己的工作场。

20世纪六七十年代，唐阿土还着手创办村级塑料厂、胶木厂、毛毯厂、绞绳厂等。在此期间，周小男也从7队小队长任上退出，加入村办毛毯厂，任车间主任，把工作做得有声有色。

在创办工厂中，唐阿土经常身先士卒、亲力亲为，一次亲手操刀，由于劳累过度，手指竟然被冲床生生地截断，血泪的苦痛也无法阻止一颗奋发有为的心，他夯实了北庄村的钣金基业，为北庄河西村培养了很多人才。在改革开放的数十年间，这个小小的村落里钣金厂如雨后春笋般涌现，共诞生了30多个钣金制造业的老板。村民解决了就业问题，过上了幸福的日子。

情牵百姓，永葆本色

唐阿土退休在家后，依然情牵百姓，不忘党员本色，积极发挥余热。

冬天，河西村里的小孩从南木圩上学堂要经过鱼池路，一旦下雪，冰坚路滑，唐阿土总是早早起床，挥起铲子，为孩子们开辟通道。村边的河滩塌掉了，他见一次加固一次。

1999年，长江中下游地区发大洪水，黄桥也是受灾区，当时村干部在大圩岸上抢险，村办公室里日夜无人，唐阿土和周小男主动前往值班。一批抢险解放军到了，眼看村子前的池岸垮塌，他们与解放军一起护卫做岸。村里的深井要进水了，他们又迅即调派人员买来水泥砖头，砌墙拦水，终于保证了村民的深井水不受污染。唐阿土和周小男默默地为着村民奔波劳碌，这全出于老党员对村民的耿耿忠心，他们深知：职位可以退，但党员的红色本性是永不能褪色的。

周小男退休后淡泊名利，生活一度陷入艰苦，有人开他玩笑："把你全国农业劳动模范的奖牌拿到银行当掉，你可以过好日子。"但他没有躺在功劳簿上，总认为以前的事情都已经过去了。后来，村里一名支委把他的情况反映到政府，帮助他拿到了一份生活补贴。

弹指一挥。现在,两位曾经荣耀的渔民均已过世。但黄桥人永远不会忘却他们身上的本色:勤劳、善良、本分、虔诚、踏实、勇敢、淳朴。这些都是两位老人留下的法宝,值得铭记!

尤苑：高原上书写"无疆大爱"

2018年3月2日，黄桥实验小学校园内洋溢着一派喜人气氛，"尤苑好人工作室"的正式成立，犹如升起了一轮太阳，把一束束、一道道慈善光能从姑苏城投射到祖国西部青藏高原——那个让尤苑魂牵梦绕的地方，那里有着许多孩子需要关注和帮助。

尤苑是黄桥实验小学的一名教师，更是一名"中国好人"。多年来，她爱满心间，情洒高原，用绵长的足迹，在祖国的西部高原书写了一个浓浓的"爱"字。

好人工作室的成立，寄托了尤苑远大的公益梦想，她要身体力行地影响更多人来关注、帮助那些贫困的孩子们，希望他们有机会实现理想。

深山里的那群孩子成了她心中的牵挂

2010年初，尤苑在天涯论坛上看到了一个关于西部助学的帖子，了解到在青藏高原腹地玉树海拔3800多米的大山深处，有个尕丁小学（后更名为"孜荣小学"）。这是一所由寺院筹建的寄宿制小学，学生都来自周边牧区，偏远的要从西藏昌都翻过几座大山，徒步十几小时的山路才能到达学校。全校一到六年级400多个孩子，只有2个在编的正式老师、10来个代课老师和寺院的几个喇嘛勉强维持基本教学。孩子们没有一本课外书，老师们没有一件像样的教具。

尕丁小学的一切触动了尤苑的心

这一年，玉树发生了震惊世界的"4·14"大地震，尤苑同情心切，迅速发起行动。她与朋友商量，一起募集了一些防寒衣物和学习用品寄了过去。但尤苑还是难以入眠，心底酝酿着一个强烈的愿望："我要去玉树走近这群孩子，把我的牵挂带过去。"

2010年暑假，正是藏区孩子过完虫草假返校读书的时候，尤苑决定前往玉树。她与人在西宁如约集合。

初上高原，她沉浸美景，十分兴奋，殊不知危险正在迫近。在汽车行驶至巴彦喀拉山垭口的时候，一辆大挂车迎面驶来，为避大坑，突然转向，一头撞来，致使尤苑的车子两次被弹向路边水泥立柱。俯瞰山坡，落差竟有10米。小车不能再走，一行人只能把所有的物资搬到大挂车上，让其带着前往玉树。

搬运物资时，路斜车重，挂车一路溜出撞向小车，正在调整情绪的尤苑，感觉大事不妙，在求生本能的驱使下，迅速开门跳车，只听身后一阵巨响，汽车翻下山坡，尤苑侥幸脱险。当天，尤苑等人靠着一顶小小的帐篷，在海拔近5000米的巴彦喀拉山垭口撑过了一个风雪之夜。

第一次踏上玉树海拔近4000米的高原，尤苑的身体经受着严峻的考验。地震过后的满目疮痍让她震惊、心酸；孩子们在艰难困苦的环境下,对生活的热情和对知识的渴望,使她震撼。尤苑及时教孩子们一首英文儿歌来抚慰他们的心灵。

在学校4天,网络不通、卫生堪忧。尤苑克服困难,试着告诉孩子们大山外的新奇世界;试着教孩子们读书、唱歌;试着去关心孩子背后的家庭。尤苑了解到一对姐弟家庭比较特殊,没有父亲,只有一个体弱多病的母亲,两个孩子在学校非常努力刻苦,她当即决定资助这对姐弟。

从此,青藏高原的那群孩子成了尤苑心中最大的牵挂。

"爱心的约会"10多年不变

为了能帮助西部孩子,10多年来,尤苑每年暑假都会去玉树助学走访。她一直持之以恒地地行走在援助之路上。

2016年9月,在格桑花苏州拓展营活动中,尤苑牵线搭桥,玉树囊谦的40多名孩子来到了黄桥实验小学。黄桥实小的孩子们热情地带他们参观美丽的校园,体验学校科技实验室里各种新奇的展品;学校的老师精心准备了两节精彩的课,教他们学会与人沟通,鼓励他们要充满自信。

2017年暑假,在尤苑的带动下,她和学校的另两位美术老师一起来到高原,进行为期10天的西部公益探访活动,给孩子们带去了一节节有趣、生动的刮画课。在高原上,环境艰苦、信息闭塞,孩子们对于个人卫生和心理疏导更是知之甚少。尤苑一行又给他们精心准备了"护花课",告诉孩子们怎样养成良好的个人卫生习惯,了解青春期的变化,懂得自我保护和预防性侵犯,并把"玖玖公益"手工队亲手缝制的月事包送到了女孩们的手上。公益探访结束后，尤苑只身留在玉树，继续走访那些偏远的学校。在此期间，她还奔赴海拔4500米的麻秀村小，带去了精彩的英语课。

2017年教师节，电视台《传真帮你忙》栏目组找到尤苑，联手苏州市慈善基金会，发起了"助力教师节的公益梦"，为青海玉树的8所学校1000多名孩子募集暖冬毛毯。这一下就在苏城爱心市民中激起了阵阵浪花，仅仅3天时间，就募集到爱心善款7万多元，为玉树的孩子们送去了苏城人民的温暖。

2018年3月，为了更好地开展活动、弘扬正能量，在相城区委宣传部和黄桥街道领导的关心下，成立了"尤苑好人工作室"。暑假，好人工作室的志愿团队成员来到了玉树，这群人中有爱心企业家，有街道卫生院的医生、有市公安局的警察，还有尤苑曾经教过的学生和学生家长。看到学生现在做着和自己一样有意义的事情，这让尤苑觉得十分欣慰，也特别自豪，因为她觉得，她的爱心在学生那里有了传承和延续。

2019年4月，在一次常规体检中，尤苑被检查出右肺有一个结节，医生建议尽快切除。这年暑假，她依旧赴了那场数年不变的约会。回来后，她又投入繁忙的工作中，直到感觉身体不适，才去医院再次检查并完成了手术。身体恢复期间，她的心仍然牵挂着千里之外的那些可爱的孩子们，继续做好东西部孩子的结对工作，有序地安排着爱心物资的捐赠，推动着"护花"项目的进展。

在2020年疫情下，虽然由于身体原因不能参加志愿工作，尤苑还是想尽一切办法，捐出了1000个医用口罩、40公斤消毒液和酒精等各类紧张的防疫物资。

以工作室为圆心勾画德善同心圆

10多年来,尤苑除了做好教育本职工作,把自己大量的业余时间都倾情奉献给了她热爱的公益事业,发动爱心人士共同援助。众人拾柴火焰高,爱的溪流从每个爱心者的心田迸发,汇聚成汪洋,源源不断地滋润着社会。

她积极倡导"行走的格桑花"公益徒步活动,召唤社会上的爱心人士帮助西部的孩子走出高原看世界,为他们筹集爱心资金。这一活动冗繁复杂,每年10月,连续1个月,她每天都忙到深夜。经过所有志愿者的共同努力,连续5年,公益徒步一共筹集善款200多万元,带领2000多名青海孩子走出了高原。

她参加"护花"巡讲,为玉树30多所学校的孩子们上"护花课",惠及孩子近8000人。她通过一系列课程来普及卫生常识,也引导家长们一起来关注孩子们的身心健康,为孩子们的健康成长保驾护航。

她积极筹备,在黄桥实验小学成立了"尤苑好人工作室"。把工作室打造成为开展活动、弘扬正能量的"聚力站",成为黄桥"小手拉大手"服务社会、奉献百姓的"爱心台",并以工作室为圆心,不断勾画出全社会争做好人的德善同心圆。

尤苑为社会做出了无私的奉献,社会也给了她应有的肯定。2016年,她被评为相城区"最美教师"、相城区"最美基层巾帼之星"、苏州市"道德模范·精神文明建设十佳新人"。2017年,被评为"中国好人"。2019年5月,获评"全国向上向善好青年";9月,被评为"全国优秀教师";12月,又被评为"全国优秀青年志愿者"及"全国最美教师志愿者"。

李菊坤：三个维度书写成功史

他，把企业做出行业的高度，把销售做出国际的远度，把慈善做出暖心的热度。他是黄桥创业的标杆。他，就是苏州市春菊电器有限公司董事长、党支部书记李菊坤。

李菊坤创造出黄桥街道的一个企业传奇，他困难时敢于拼搏，建业时勇于闯荡，奉献时追求诚挚，因为懂得坚守，所以把几个维度达成了理想的境界，成就了他的成功史。

拼搏，勇于提升行业高度

李菊坤是农民后代，少失怙恃，受人接济。命运多舛，历练了他吃苦耐劳的精神。他做过钳工，干过消防，当过旅游公司副经理，而后走入吴县微型电脑厂。彼时企业负债，亏损80多万元，李菊坤临危受命，肩挑重担，夜不能寐。但他凭借拼搏精神力挽狂澜，把厂子当作家，厂里没有资金就用妻子的小店资金垫付，节支降耗，压缩非生产性开支；同时又拓展业务，与当时苏州"四大名旦"之一的春花吸尘器厂联营，扭亏为盈，使企业走出困境。

1998年，企业转制，李菊坤筹资160多万元，将微型电脑厂转为私营企业，1999年7月更名为"苏州市春菊电器有限公司"。

接着，李菊坤用20年的坚守，把公司逐步推向黄桥企业的"高大上"地位，他本人获评江苏省劳动模范。他的成功得益于借时、借势、借力：借助改革开放的新时代，借助相城经济发展的好势头，借助黄桥街道政府扶持服务的大力量。

作为春菊公司的当家人，李菊坤向来喜欢以一名家长的身份关心大家庭内的每一名员工，这在凝心聚力发展企业上无疑是成功的。创业伊始，他接收了老厂100多名员工，同甘苦，共命运，打下了公司坚实的基础。创业奋进时，他视员工为亲人，凝练团队精神，成立企业工会，终至打造成为全国模范职工之家。对于员工，努力从实际出发解决问题，给予温暖：召开教职工代表大会，组织体检，分发福利，用大巴接送上下班，安排免费工作餐，组织旅游休养，报销春节回家路费，吸纳本地老员工。当员工患病或遭遇不测，李菊坤都会及时出手相助。2017年，一名员工家的房舍在一场火灾中损失殆尽，李菊坤带领公司一起帮衬这名员工渡过了难关。几年前，一名员工罹患肝癌，李菊坤当即拍板承担下他的治疗费用。创业转型时，他高薪聘请人才，帮助解决其户口和孩子就学问题。

李菊坤的成功还得益于能够审时度势，与时俱进，勇立潮头。为把企业托举成功，李菊坤有时是引领者，有时是服务员。创业伊始时，他四处奔跑，打通关节，奠定坚实基础；创业奋进时，又善于识察行情，扩大经营，打通国外渠道；创业转型时，他更是能高度重视产品研发，锚定"创新研发+智能制造"。20年来，他引领员工走出了一条传统民营企业转型升级的"春菊路径"，把公司发展成为国内吸尘器、空气净化器研发和制造领域的领先企业,成长为国内开发生产健康清洁电器的主要厂家之一。2020年,公司位居中国吸尘器出口企业第四,成为黄桥企业创收之最。李菊坤把春菊公司推到了行业的高点,成就了公司在业界的威望。

勇闯,销售做出国际远度

随着国家对外开放的不断深入,苏州外向型经济获得了长足发展,对外贸易十分红火。

为拓展销售空间,早在2001年,李菊坤就高瞻远瞩,促使公司着手开发国际市场,措施其一是花费巨资建设厂房,提高生产能力;其二是研发推出新产品。后来,更是从广州、深圳等地用高薪聘请专业人才,从产品研发、销售推广、质量管理等方面数点发力。公司积极与跨国知名企业发展贸易往来,先后与荷兰皇家飞利浦公司、日本松下公司、KOC集团等12家位列世界500强的国际大公司达成了贸易伙伴关系。公司的整体水平迅速提升,新产品不断推出,产品畅销欧洲、大洋洲、南北美洲、亚洲等地区,公司步入发展快车道,至2020年实现年销售额22亿元,税收突破亿元大关。

苏州市春菊电器有限公司历年来一直是相城区纳税大户,为地方经济做出了杰出的贡献,黄桥街道授予公司"突出贡献奖"。

海阔凭鱼跃,这些荣誉的获得,源于李菊坤拥有一种勇于腾跃闯荡的精神。他用这份执着,开辟了迢迢远销之路,向世界出示了闪亮的春菊名片,证明了民营企业的销售远度和实力高度。

未雨绸缪,在"十四五"的新征程开启之前,李菊坤早就高瞻远瞩，运筹帷幄，吹响了春菊创新发展的新号角。2019年4月，总投资12亿元的春菊电器"智能清洁器具"项目于黄桥智能产业国际研发社区开工，成为春菊电器耕耘20年再出发的里程碑。企业以新项目为载体，建设集研发中心、展示中心、体验中心、电子商务销售平台、智能化生产基地"三中心一平台一基地"为一体的智能研发制造平台，实现从设计到投入使用的全流程智能化改造。

站在发展的新高度，李菊坤勾画出春菊更为宽阔的远景："十四五"期间，春菊电器力争清洁器具年生产能力达到2000万台，年产值50亿元，全方位提升企业的影响力和附加值，走好高质量发展之路。

奉献，不断熔炼慈善热度

李菊坤爱心满满，带头捐款，在社会慈善捐款中成就了不凡的厚度，成为黄桥街道慈行善举的一面领军旗帜。据统计，李菊坤每年在各行各业的捐赠款都在40万元—50万元，历年为社会捐赠累计已经超1000万元。

李菊坤的善举福泽黄桥本地，自2007年在黄桥出资创办了春菊书苑，他每年拿出10万元支持书苑开展各类群众性文化活动。2018年，他在黄桥街道牵头成立了春菊慈善基金，他本人带头捐款105万元。多年来，他对黄桥学校、卫生院、困难群体等多方面的捐献，为人所称道。

李菊坤的善举还惠及苏城各处：苏州慈善总会捐款100万元，苏州公安局见义勇为奖捐款10万元，相城区慈善会捐款30万元，等等。

大爱无疆,李菊坤还把善举爱心奉献到新疆、西藏等地区。

李菊坤担任苏州市人大代表15年,他用一份强烈的社会责任心为民办实事,成就了慈善奉献的厚度。

李菊坤为人的厚度还体现在帮扶黄桥企业走上共同振兴之路,他发展配套企业30多家,帮助一些困难企业担保贷款。他铁肩担道义,书写了一曲正气歌。

王正介：情系仿古青铜器失蜡铸造工艺

在雄伟的北京人民大会堂中央大厅，高2000毫米、直径2000毫米的大型艺术青铜器——中华世纪明珠格外亮丽夺目，作品上雕有2000条栩栩如生的我国不同历史时期的腾龙，还有56个民族风情特征，多姿多彩，象征着中华民族和谐团结，祝愿龙的传人在新的世纪犹如腾龙飞舞，神州大地更加繁荣昌盛。

时任全国人大常委会副委员长程思远，全国政协副主席马万祺、马文瑞，原国家领导人李德生先后题词，赞誉中华世纪明珠是"千秋耀明珠""炎黄文采""艺术瑰宝""民族文化之星"。

中华世纪明珠由上海世纪明珠雕刻艺术有限公司设计，苏州华宇精密铸造有限公司铸造。作品以北京天坛祈年殿为主体，由青铜铸成，制作模具100多副，工艺流程数十道，其工艺复杂烦琐程度史无前例。

中华世纪明珠制作团队的领衔人叫王正介，是苏州华宇精密铸造有限公司的创始人，也是相城区非物质文化遗产青铜器失蜡铸造工艺代表性传承人。从世纪明珠的造型设计到铸造组合，王正介和他的团队整整奋斗了6个月。

中华世纪明珠为大型艺术珍品，是苏州市人民政府庆祝中华人民共和国成立50周年的献礼。其精湛工艺充分展示了王正介高超的技艺，使失蜡铸造工艺之奇葩大放异彩。

华宇精密铸造有限公司位于相城区黄桥街道的方浜工业区，主要业务为专业铸造各种铜合金、铝合金、锌合金、不锈钢、合金钢铸件及各种仿古青铜器，是目前苏州地区综合性有色金属铸件的主要生产基地，生产工艺齐全，主要采用熔模（失蜡）铸造、砂型铸造、离心铸造、高压铸造等工艺，年合计铸造能力保持在1500吨以上，年销售额突破亿元，公司为ISO9001:2008认证企业，长期为核电、水电、风电、轨道交通、纯电动汽车等企业制造关键零部件产品配套。其中，仿古青铜器失蜡铸造工艺被认定为苏州市非物质文化遗产。

学艺中踏上非遗传承路

成为非物质文化遗产青铜器失蜡铸造工艺代表性传承人，是王正介不断"充电"学手艺学出来的一份意外惊喜。

王正介是土生土长的黄桥人。1973年，与共和国同岁的王正介走进上海市江桥幸福精密铸造厂，学习失蜡铸造仿古青铜器工艺，这一学就是3年。1979年夏，黄桥大队开办失蜡浇铸厂，正儿八经学过这门手艺的王正介当上了技术员。

王正介深知，失蜡铸造仿古青铜器工艺十分深奥，单凭自己3年学徒掌握的那点皮毛是成不了大器的。于是，他先后拜上海博物馆教授黄仁生、高级修复师顾友楚以及上海交大艺术铸造教授颜培生、陈美怡、詹绍思为师，提高失蜡铸造青铜器技艺。

沉浸在失蜡铸造仿古青铜器技艺之海，王正介越来越着迷。1985年至1995年，他和黄仁生、顾友楚一起研究仿制结构复杂、工艺繁杂的中型青铜器，根据馆藏图片和实物，仿制商周、秦汉时期的犀兽、面纹尊、羊尊、双羊尊、四羊方尊、牛尊、豕尊、冬戈簋、鸟尊、父乙觥、鸮尊、兽面纹龙流盉、干将剑、吴王光剑、马踏飞燕、秦皇铜马车、大克鼎、古钟、中大型编钟等。

1988年，王正介在村失蜡浇铸厂的基础上，整合扩展成立吴县市有色精密铸造厂，担任厂长和技术顾问。2001年，吴县市有色精密铸造厂改名为"苏州华宇精密铸造有限公司"，王正介任总经理、技术顾问。在这期间，他自己带领学徒50余人，各个工艺都有传人代表。

王正介的儿子王强不但跟随父亲学到了一手失蜡铸造仿古青铜器技艺，还成了企业经营管理上的好帮手。也许是遗传基因的缘故，王正介正在上小学六年级的孙子王梓杨也迷上了青铜器，立志做传承非遗的使者、文化学习的强者。学习之余，王梓杨就置身爷爷的大师工作室，翻阅《中国青铜器全集》，在书海中探索；有时他会走进生产坊，观摩生产技艺，和青铜器制作大匠探讨古代青铜器失蜡铸造工艺、仿古制作工艺；他还毛遂自荐，担任公司陈列室的讲解员，向走进华宇公司探访的同龄人介绍青铜器的发展历史和铸造工艺流程、历史文化和现代价值，带领他们感受非遗文化的魅力。

沉浸50年摸索出10余道工序

青铜器铸造工艺非常烦琐、复杂，历史上本来就有多种工艺，唐宋明清至民国时期，至少有5处大同小异的工艺。相对来说，苏州地区的仿古青铜器、工艺制品比较完美、精致。

王正介在失蜡铸造仿古青铜器领域沉浸了50多年，他对各朝代青铜器工艺特点加以总结比较，尤其对明清时期的"潍县造""西安造""北京造""苏州造"的仿古工艺都进行比较深入的研究，博采众长，依据历史记载和亲身实践，摸索出了既有沿袭又有创新的10余道手工制作工序，每道工序环环紧扣，一道不达，前功尽弃。

第一道工序是模型塑造，根据相关历史文献资料，塑造同比例模型。第二道工序是模具制作，根据模型用石膏或橡胶制作一副或多副模具。第三道工序是蜡模制作，用低温注蜡机将糊状或液态蜡料注入一副或多副模具，然后将各蜡型按规定焊接制成蜡模，并对蜡模进行修饰。第四道工序是焊接组装模组，把蜡模焊接或粘接到已预制好的蜡棒（浇注系统）上，组合成模组。第五道工序是制造型壳，亦称"硅溶胶工艺"，即在蜡模表面先蘸上配好的硅溶胶涂料，然后撒上耐火砂料，型壳在特定的温湿度下进行干燥硬化，这样在蜡模表面形成了致密的耐火涂层，然后重复该工序5—6遍，最后就形成了具有一定强度和耐火度的硅溶胶型壳。第六道工序是熔失熔模，亦称"失蜡"，将已制成的型壳放入蒸汽或热水槽等加热容器中，将蜡模全部熔化，得到中空的型壳。第七道工序是型壳焙烧，将型壳放入焙烧炉中进行高温焙烧。第八道工序是液体金属浇注，将已熔化的高温金属液浇注到已焙烧过的热型壳中。第九道工序是脱壳与清理，用锤头、凿子进行脱壳、清砂，用金属切割机切割浇冒口，并经其他清理工序后获得所需铸件。最后一道工序是仿古做色表面处理，用硫酸铜和硫化钠等化工原料，按一定比例配方，做成仿古青铜器颜色。

王正介传承和创新的10道工序得到了专家的肯定，苏州华宇精密铸造有限公司制造的仿古青铜器，由于造型逼真、优美、古朴坚实、面纹清晰、色泽和谐，是业界中的上品。

失蜡铸造工艺的艺术成就

王正介和他的苏州华宇秉承传统与创新，使失蜡铸造工艺大放异彩，近年来亮出了许多有影响力的代表作：安置于苏州古刹寒山寺法堂前的"九龙五凤鼎"，陈列于苏州市穹窿山孙武草堂中的"孙武铜像"，陈列在陆慕高级中学的"陶行知铜像"，收藏于昆山丹桂园和黑龙江森林公园等的"仿古铜钟"，放置于黄桥白马寺等寺庙的"大克鼎""大蜡扦"等。作品曾被多家媒体报道。"大克鼎"在上海世博会上代表相城区工艺美术品展出；在相城区活力岛音乐节开幕式上，"24枚大型编钟"拉开了音乐节的帷幕。

2016年5月，作品《双羊尊》在2016中国（深圳）国际文化产业博览交易会上获得中国工艺美术文化创意奖铜奖；10月，作品《吴王光剑》在第十四届苏州市民间艺术节上获精品展铜奖；12月，作品《仿古青铜器14枚编钟》被苏州御窑金砖博物馆永久性收藏。

青铜器失蜡铸造工艺是中华民族文化的结晶，也是吴文化的结晶，凝聚着苏州人民的智慧和灵巧，它是吴文化的一个亮点，具有丰富的人文历史内涵。苏州华宇精密铸造有限公司生产的青铜器遍及神州，远销海内外，为东方古代文明增添了光彩。

王正介说："我将在有生之年，继续努力，为弘扬吴地文化，做出应有的贡献。"

沈志刚：一名奋斗不止的"创二代"

父亲创办了私营企业，他在父亲的基础上把企业做大做强。有人称他是"富二代"，他坦言自己是名"创二代"，父亲创下了基业，自己只有拼搏创新，才能"百尺竿头，更进一步"。

他叫沈志刚，一位从黄桥走向安徽铜陵的青年才俊，他把父亲手中的作坊式企业带进了"亿元俱乐部"，自己也成长为铜陵市江苏商会会长。

大学毕业返回家乡追随父亲学创业

沈志刚出生于黄桥陈其村，一个名不见经传的小村庄。据他父亲沈国良讲，陈其村曾经是个穷村，因为地处黄桥西北角，地理位置偏僻，交通不便，有人对此泄气地说："陈其要翻身，旗杆庄枯毛竹要发青。"

沈国良年轻时是个爱动脑筋的人。20世纪70年代中期，村里渔民到无锡梅村放小鱼，看到那里有家线路板厂，回来后讲给大队书记听。书记和其他几位大队干部听得心里痒了起来，决定自己也办一家线路板厂，并托人联系苏州试验仪器厂，准备先派人去学习。正在朝阳河开挖工地当工程员的沈国良,因为有文化、肯钻研,成了遴选出来的优秀人才。

1975年春节之前,沈国良和其他几个被派出去学习的年轻人顾不了已经临近的春节,一头扎进苏州试验仪器厂学习。学习后回到村里,沈国良和几个年轻人白手起家,办起了黄桥第一家线路板厂,开始在这块种田养鱼的偏僻之地摸索全新的线路板工业。

一枝独秀引得百花齐放。让村里人想不到的是,陈其的线路板厂居然越办越红火,吸引了大庄、张庄、生田、旺更、占上等地派人来学习,黄桥各个大队纷纷学样陈其,办起了线路板厂。陈其成了黄桥电路板工业的发源地。人们都说,这"军功章"上少不了沈国良的功劳。20世纪90年代中期,在企业转制潮中,沈国良拥有了自己的企业,成为一名真正的老板。

沈志刚是1981年10月出生的,随着年龄的增长,他耳濡目染父亲开创线路板行业的艰辛,也深为父亲的创业精神而自豪,立志长大后干出一番事业。于是,他发奋读书,在学校加入了中国共产党。2005年,以优异成绩获得扬州大学计算机科学与技术学士学位后的沈志刚,毅然返回家乡,入职父亲创办的苏州圣达电路板有限公司,追随父亲学创业。

加入圣达公司后,沈志刚协助父亲从零开始学习PCB(印制电路板)相关制造技术、流程管控以及科学的工厂管理经验,公司的业绩逐步增加,跻身黄桥50强企业,沈志刚个人也被评为黄桥优秀共产党员,成了黄桥"创二代"中的翘楚。

奔赴铜陵转型升级开辟发展新天地

正值沈志刚大展宏图之时，相城的城市化发展提速，对环保提出了更高的要求，黄桥的线路板企业面临转型升级的全新挑战。

沈志刚认为，这是一种挑战，也是一种考验，更是一种机遇。2011年，经过对江西、安徽铜陵、广德以及盐城大丰等区域投资环境的考察，以及对自身实力和客户端期望的评估，沈志刚和父亲商量后果断决策，在安徽铜陵投资1.2亿元，设立乐凯特科技铜陵有限公司，跳出黄桥，开辟企业发展的新天地。相对于1000多万元拆迁款来说，1.2亿元的投资需要沈家父子非常大的勇气和魄力，同时也意味着非常大的风险。

沈志刚给铜陵的新公司选了个"乐凯特"的名称，来自英文Locate。2014年2月，新公司正式投产，从此，一个土生土长的黄桥人成了安徽铜陵的外来客商。

沈志刚带领一批资深的管理团队及技术骨干，以客户为导向，重视技术创新，与国内同行龙头企业保持密切的技术合作。公司主要制造和销售高精密双面、多层印制电路板及FPC（柔性电路板），产品主要用于汽车电子、无线通信、手机通信等领域。沈志刚秉承"又好又快提供客户满意产品"的经营理念，为客户打造高水平、高标准、高可靠性的产品和服务。

新厂房、新设备、新工艺、新面貌，崭新的乐凯特给了客户极大的信心，许多老客户给乐凯特下单了很多的新项目，乐凯特自身也开发了很多新客户。投产当年，乐凯特实现了6000万元左右的销售额，第二年产值就破亿，是苏州圣达的近4倍，2020年，公司销售额增长到1.4亿元。公司先后跻身国家高新技术企业、安徽省"专精特新"企业、安徽省两化融合企业、安徽省数字化车间，沈志刚也因为出色的表现，获得"安徽省创新创业领军人才"以及"铜陵市领军人才"等称号。

团结100多家江苏企业拧成一股绳

在办好企业的同时，沈志刚也积极投身公益以及社会事业，无论是资助困难学生还是为铜陵的洪灾、新冠肺炎疫情防控捐款捐物，都有他的身影。

2020年7月，为了更好地服务在铜陵投资的江苏老乡，减少后来投资者的建设困难，沈志刚联系在铜陵的江苏企业家，成立了铜陵市江苏商会，沈志刚当选会长，是众望所归。

近3年来，铜陵市江苏商会在沈志刚和其他江苏老乡的共同努力下，获得了铜陵市各个市直部门的肯定和赞许，也为江苏籍老乡在铜陵做了很多服务工作。身为会长，沈志刚利用部分工作及业余时间走访了每家会员单位，了解每家单位的产品、产能以及询问是否有实际的困难，通过对会员的了解，为会员间的内循环牵线搭桥，帮助会员争取订单。同时，只要会员企业有困难向商会反馈，不管是政府批文、企业融资、安全生产还是劳工纠纷等等，他都第一时间同商会秘书长以及其他领导共同协商，尽心尽力寻找政府部门、银行等协调解决会员企业的困难。同时，他利用苏州与铜陵的紧密联系，为政府双招双引献计献策，一方面为铜陵市政府在苏州寻找合适的投资商，另一方面也在铜陵为苏州以及黄桥寻找适合的资源。

虽然离开家乡近10年了，但是喝着黄桥水、从小在鱼米之乡长大的沈志刚始终牵挂着家乡。在外，他以作为一个苏州人、一个黄桥人为豪，不断地推广家乡的文化，介绍黄桥美食、苏州美景给铜陵人民。每次回家，他必会吃一碗熟悉的黄桥苏式面，看一看曾经每天走过的街道，拜访一下曾经一起谈创业的老朋友。

2023年，乐凯特步入在铜陵发展的第二个十年。通过对新设备新工艺的投入以及对企业数字化、智能化的改造，作为总经理的沈志刚，正带领公司实现更大、更优异的成长，为社会创造更大的效益。

"唯天下之至诚能胜天下之至伪，唯天下之至拙能胜天下之至巧。"为把企业推向更广阔深远的前景，不惑之年后，他有了更加明晰的认识，他深知作为一名企业"创二代"，要想壮大企业，追求是永无止境的，所以他学而不厌，奋斗不止。

冯淑琴：既能百炼钢，亦可绕指柔

黄桥有一位年轻的女企业家，她同时担任着3家企业的高管职位，而每一家企业都被她打理得蒸蒸日上。

她叫冯淑琴，苏州市春菊电器有限公司常务副总经理、苏州市冯氏智能科技有限公司掌门人、苏州市叩启智能有限公司品牌创始人。2021年，全球知名商务杂志 *CEO Magazine* 把冯淑琴评选为全球杰出商界女性。

曾在一年内两次慕名采访冯淑琴的 *CEO Magazine*，评价她是一位"既能百炼钢，亦可绕指柔"的年轻女总裁，无论走到哪里，都散发着美丽与自信的光彩。但抛开其女性身份，让旁人感受到更多的是她作为企业家所具备的智慧与魄力。第二次的采访文章中这样写道："时隔一年的第二次采访，她已将自己打磨得更加从容、淡定，让我们看到了她作为一位企业家，所应具备的不断驱动自身追求成功的内在动力，她对自我的提升与追求从来没有停止过。每次沟通，都能够听到她用最温柔坚定的语气，阐述自己对企业管理深刻且独到的见解，她的观点非常值得深思和参考。"

一肩挑起三副高管重担

身兼3家公司的高管，冯淑琴在企业界可谓"巾帼不让须眉"。

2006年，从加拿大留学归来的冯淑琴入职苏州市春菊电器有限公司，开始了第一份工作的历练。虽然年纪轻轻，但刚入职场的她就表现出了优秀的销售才能。短短几年时间里，她凭借着自己的拼劲和出色的销售能力，为春菊电器陆续导入Electrolux、Bissell、TTI、Shark Ninjia等全球知名战略合作伙伴，为企业的持续发展做出了贡献，得到公司上下一致的认可，她本人也从最开始的销售职员成长为公司常务副总经理。

2015年，冯淑琴分出精力，从父母手中接过了苏州市冯氏智能科技有限公司（原苏州市冯氏钣金有限公司）。在刚刚接管公司时，她发现自己面临的困难与压力比想象中更多、更大：企业管理流程不完善、人员流失严重，还有来自客户的交付压力。面对这一局面，冯淑琴丝毫没有后退与畏惧，她迎难而上，重组团队，大展拳脚，仅仅用3个月时间，就稳定了军心，让所有人都认可了这位新的冯氏掌门人。

如今，冯淑琴接管冯氏智能科技已过8个年头。在她的带领下，公司由最初的钣金、冲压产品加工，逐步拓展到可以设计、加工制造金属精密产品，涉及产品横跨轨道交通、工程机械、医疗设备、通信、家电、工业机箱机柜、智能机场物流装备、半导体八大行业。公司还与西门子、西门子医疗、伊莱克斯、艾默生、卡特彼勒、博世、亚马逊、庞巴迪、阿尔斯通、范德兰德、UCT等全球500强公司签署了战略合作协议。

2019年12月，冯淑琴又创办了苏州市叩启智能有限公司，并亲自构思、创建公司旗下创新品牌：Papacoccinella——主打时尚智能家居相关系列产品的研发与销售，Mamacoccinella——主打时尚服装饰品等相关产品的设计与销售。作为品牌创始人及设计师，冯淑琴希望将她对美学的理念与创意概念融入产品，通过C2C（销售者对消费者）销售模式将产品销售给前端客户。

无论何事都立志要做到最好

"唯有做到最好，才能成就辉煌。无论做什么事，我都立志要做到最好。"冯淑琴在接受CEO Magazine采访时说道。

目前，中国有4000多家与冯氏同类型的金属加工企业，冯淑琴把目光盯在了全力提升冯氏业内地位上。她为公司拟定了中短期发展目标：3年内保持健康利润增长，持续开展企业能力建设；5年内，成为国内金属技术加工行业内最佳中小型企业之一。

作为冯氏的第二代掌门人，冯淑琴明白现在已与父辈所处时代不同，如今的企业家需要面对的竞争局面更为复杂多样。在接手冯氏后，她东奔西跑，辗转在全球各个国家，花费大量精力开拓新的客户，不断拓展公司业务，提升公司的业务承接能力。通过引入轨道交通、智能化物流装备、半导体等多家战略客户，她带领着冯氏向着转型升级的道路疾驰。她相信，加入新的行业与赛道，将为冯氏2.0的转型升级与持续增长提供源源不断的强劲动力。

在发展企业、不断引进优质客户的同时，冯淑琴不忘带领团队修炼内功，夯实基础。"我希望将冯氏提升，让企业能与跨国公司的运营成熟度和高产品质量并驾齐驱。"过去的3年，她为了提升团队综合能力，凡事亲力亲为，为了培养员工们对共同事业的热情，经常培训团队，投入时间和精力与团队互动，与团队一起探讨、梳理最适合冯氏的管理流程，弥补公司漏洞与不足。同时，加大对智能化、自动化设备以及制造行业信息化等硬件的投资建设，提升公司的产能、制造加工能力与数字化运营管理能力。

直至今日，冯氏在冯淑琴的掌管下，实现了连续7年的逆势增长，她以漂亮的战绩证明了自己的实力。

优秀企业领导人"志当存高远"

作为一名企业家，冯淑琴在春菊所在的家电行业、冯氏所在的精密金属制造行业中激流勇进。同时作为一名女性，她对美好的事物一直都保持着热爱与憧憬，她希望将自己热爱的事物与自己掌舵企业的制造能力相结合，希望在实现自己另一个梦想的同时，能够拓宽自己的商业之路，在其他领域中探索出新的天地。

苏州市叩启智能有限公司的创立，就是冯淑琴将自己的想法付诸现实杰作。在她的带领下，公司成立的第一年就实现了不菲的成绩：

她亲自设计的首款时尚家居产品——爬爬梯，作为自己对家居美学的理解与冯氏金属制造能力的完美结晶，从2020年4月上线销售以来，一直稳居同品类同价位家居梯的淘宝销售榜榜首。产品的设计还获得了中国、美国及欧洲地区多项外观及实用性专利，并入围了德国IF奖。

叩启旗下服装品牌茱叩，2020年6月上市以来，仅半年时间即突破百万元销售额。2021年,在冯淑琴的带领下,叩启入驻天猫商城,并开始拓展国内外营销渠道,为叩启品牌的全球销售奠定基础。

冯淑琴认为,优秀企业领导人还需要具备3个特征:能确立一个人人都能理解、可执行的中长期总体战略愿景;开放可信的沟通,包括企业内部沟通和外部沟通;制定切实可行的明确目标,并提供相应支持。

陈建治:"国字号"行业协会授予终身贡献奖

1987年6月9日,时任全国政协副主席的费孝通考察黄桥镇占上村的村办工业,并亲笔题词:村办工业先锋,集体致富榜样。

作为"苏南模式"的较早实践者,占上村抓住发展机遇,通过与国有大中型企业横向联营、配套协作,大力发展村办工业,成为苏州市首批农村经济先行村。而在占上村工业企业的发展中,不得不说到一个人,那就是吴县第七届人大代表、江苏省劳动模范、2005年CPCA(中国印制电路行业协会)授予终身贡献奖的陈建治。

夹缝之中求生存

陈建治是1945年11月出生的,16岁初中毕业后,兼职当上了生产队会计,这一兼职就是16年。

1975年,黄桥陈其大队办起了一家线路板厂,这是沪宁线上第一家队办企业,发展趋势蛮好,让旁边占上大队的领导眼馋不已。1977年4月,大队领导决定走陈其的发展之路,发展工业企业,派陈建治等7人赴苏州电视机厂学习印制电子线路板工艺技术。1个月后，利用大队渔专队的2间平房，办起了占上线路板厂。大队主管副业的领导把企业交到陈建治等人的手中时，要求一年赚1万元来贴补渔专队。结果3个月下来，线路板厂就赚了1万元，于是大队领导说一年的目标要赚5万元了。可到了10月份，领导把这个指标提高到了10万元；到了11月份，这个指标又调到了11万元。

1978年，工业原材料在市场上还没畅通，占上大队经过集体讨论，发动12个生产队每队杀3头集体养猪场养的肉猪，拿着这些猪肉到紧缺食品的安徽黄山去换了4吨电路板。结果板子刚刚拿到手，乡里领导就找上门来，不仅扣了一半，还让当时的大队书记写检查，说这是不正之风。大队书记只能白天做群众工作，晚上做检讨，这一做就是8个月。这让陈建治他们非常担心，担心大队书记为了这事被撤掉。好在1979年改革开放的春风唤醒了神州大地，大队书记也得到了解脱。

1980年，占上线路板厂更名为"黄桥占上无线电器材厂"，任命陈建治为厂长，厂址搬到占上望北桥。1982年，投资20万元建造线路板生产大楼。1984年3月，又更名为"吴县线路板厂"，生产各种仪器、仪表、计算机、程控交换机和家用电器等的单、双面印制线路板。

陈建治对工作非常认真。有一次吴县县委召开工业会议，他白天开会，晚上带着厂里出现的产品质量问题赶往上海请教专家，6天的会议，他夜里去了两次上海。

在陈建治的带领下，吴县线路板厂迅速发展。1984年6月，新建线路板生产综合楼；1985年8月，引进日本EP印制线路板生产设备。

陈建治注重产品质量,在市场上赢得了一席之地。有一回,扬州江都来了一大批货,很急要赶工,当时的职工是两班倒,12小时一班,连续做了20天,大家都累倒了,陈建治让职工休息,自己跟车间主任继续做了三天三夜,而且是最脏的活。大队领导知道后,命令两人休息,并安排每人一碗焖肉盖饭,这让陈建治的心里充满了感恩。

踏平坎坷成大道

陈建治深知知识就是力量,在企业的经营管理中注重对电路板技术的钻研和提升。

有一次,苏州电子元件厂有一个军工产品需要吴县线路板厂加工2.4米长、1.4米宽的板子。这个产品陈建治他们从来没做过,难度大得不可想象。陈建治就从资料书上找配方,最终获得了成功。苏州电子元件厂的领导看到产品后,跑到黄桥乡党委书记办公室,打听陈建治是哪个大学毕业的高才生,当乡党委书记说陈建治连高中都没读过时,厂领导惊呆了。

1986年,黄桥乡科协研究会先后与上海电子学会、华东地区线路板情报网及常州电子公司取得联系,请来有关专家,举办了12次学术交流和技术讲座,这让好学的陈建治如饮甘露,每次讲座都不落下,有时还要偷偷地多带几个厂里的同事去"蹭会"。

陈建治还向同行学习精细高密度线路板制作工艺和线路板贴膜反镀法工艺,提高了线路板的技术质量;学习采用碳膜导电印料(导电橡胶)新工艺,使印制板产品耐磨性和可靠性大大提高。

在陈建治的带领下，吴县线路板厂自主开发了印料配方及金属磨料抛制新工艺，并在全黄桥相关企业推广，提高了印制板的正品率，减少返工，节约成本。吴县线路板厂还出版《印制电路技术动态》，每季一期，在全国发行，为同行业沟通建立了信息渠道。

吴县线路板厂走上了发展快车道。1985年，产值221.36万元；到了1995年，产值2848.5万元，10年增长了12倍多。1987年，吴县线路板厂在江苏省第二届印制板国产基材单面板质量评比中荣获三等奖，1990年被评为吴县科技进步先进企业。

1992年10月，陈建治担任占上村经济合作社社长。2年后，支部改选，陈建治担任占上村副书记兼经济合作社社长。

随着社会主义市场经济体制的逐步确立及行业竞争的日趋激烈，明晰产权关系、转换企业经营机制，成了摆在陈建治和占上村领导面前的一个必须面对的新课题。1993年下半年，占上村对吴县线路板厂、上无二厂吴县分厂、吴县塑料电镀厂3个村办骨干企业实行以租赁制为主要形式的转制工作，村里将各项指标层层分解到各企业，企业的生产经营活动由经营者全权负责。至1996年底，转制结束，占上村的村办工业在"裂变"中获得了新生，村级负债从1000多万元降至零，固定收入每年在200万元以上，集体净资产达2000多万元。

把爱心当作一份责任

陈建治用实际行动诠释着一名共产党员和一名企业家的大爱和使命。

在陈建治的眼中,每一个员工背后就是一个家庭,要维护好每个员工的生活。有员工碰到困难,他总是第一个竭尽全力向员工伸出援助之手。有村民碰到难事,他想尽办法去解决。当他得知黄桥幼儿园有一位小朋友的家庭很困难后,就以结对的方式,对这位小朋友进行资助。

陈建治在为社会付出的同时,美誉也纷至沓来。1981年3月,当选吴县第七届人大代表;1983年12月,荣获"江苏省劳动模范"称号;1984年3月,当选吴县第七届人大代表;1985年3月,荣获"吴县1984度优秀共产党员"称号;1987年,获评1987年度吴县乡镇企业先进个人,同年获"吴县技改先进个人"称号;1993年4月,获评苏州市优秀企业家;2005年,被CPCA(中国印制电路行业协会)授予终身贡献奖。

这些荣誉,是对陈建治的肯定。面对荣誉,他谦虚地表示,尽自己的能力做好工作,这是一种责任,也是对爱护他的人的一种回报,只有把工作做好了,才对得起社会对他的肯定与支持。

陈宇：足球娃娃的"黄浦教父"

相城区有一支特殊的娃娃球队——向诚足球队，他们从黄桥实验小学走出去，转战各地，在3年不到的时间里，拿下江苏省青少年校园足球笼式联赛苏州赛区总决赛冠军、全省足球邀请赛甲组亚军、全国第三届"人教杯"校园足球大会小学男子组季军等10多项含金量十足的奖项。

一个娃娃团队的成功，必然离不开倾心其中的带路人，他就是陈宇，黄桥实验小学向诚足球队的主教练。

陈宇不是足球赛场上的体育明星，却胜似一个明星教练。他用短短的3年时间，把家乡小学的这支向诚娃娃球队领上了一个高平台。

中国队进世界杯，开始与足球结缘

1989年出生的陈宇从小就是个球迷。他的小学是在黄桥就读的，当时学校里有支足球队，他在这里接受了足球的启蒙。

陈宇与足球的缘分要追溯到2002年的世界杯。"中国队进入了世界杯，也是从那个时候开始，我被足球真正的魅力吸引。"

那时，13岁的陈宇进入苏州市体校接受专业的足球训练，每天早上6点起床训练，直到太阳下山。不论是酷暑的烈日下，还是严寒的风雨中，总能看见他训练的身影。功夫不负有心人，在赛场上他也收获了诸多的奖项与荣誉。

毕业后，陈宇完全可以利用自身优势发展事业，但他并没有朝着职业足球运动员的轨道走下去，他选择了做一名足球教练，"培养出一两个未来的国家队队员，也是延续自己的足球梦想吧"。

陈宇这样的想法并不是空中楼阁，他很想脚踏实地去干一番，他要把这个梦想变成一颗种子播种到他所热爱的校园里，与娃娃们一起圆梦。他深知，要走出中国足球的困境，任重而道远，必须从娃娃抓起，为此，他做好了甘为人梯的准备，目的很单纯，只为一圆那个美好的足球梦。

怀揣希望回到母校放飞梦想

自苏州市体校毕业后，陈宇先后在俱乐部、星湾学校任足球教练。2015年的3月1日，当得知母校黄桥实小要兴办校园足球队，他毫不犹豫怀揣着希望回到了母校。

回到黄桥时，陈宇完全没有想到，母校已经有13年没有开展足球训练。硬件设施差、后备人才少，都成为足球运动的拦路石。

工作伊始，陈宇就制订了一套严格的训练计划，然后开始了刻苦的磨炼。每天早晨6点半，陈宇带领娃娃们围着操场跑1000米，然后颠球，熟悉球性；每天下午，进行运球等基本球技练习,结束后还要在4分钟内跑完800米。这样,保证娃娃们一天练足3个小时,坚持不懈,即便严寒酷暑,也雷打不动,在瓢泼大雨中,抑或是-5℃的寒冬里、40℃的烈日炙烤下,也不曾有人懈怠退缩。

为了提升孩子们的足球技术,陈宇总是身体力行,不怕吃苦。脚弓传球是娃娃队员最难掌握的一个技巧,必须狠抓,陈宇经常蹲下身不厌其烦地扶着孩子们的脚固定脚型,经过整整半年多的坚持,娃娃队员们的脚弓传球终于逐渐练成了。

严格的训练后,一群啥也不懂的足球娃娃,发生了脱胎换骨的变化:每人每次颠球至少120个,连续头顶球平均超过50次。2016年,首次参加苏州市市长杯足球赛获小学生乙组第六名,1年后,拿下相城的校园足球冠军。

"千人足球操"练就足球"黄埔军校"

作为一名小学校园内的足球教练,陈宇深知不是每个孩子都能成为职业球员,但是他希望通过足球这项运动让孩子们懂得强身健体,学会面对挫折,学会坚强成长和拥有团队精神。

在日常训练中,他关心孩子们的学习生活、培养孩子们的行为习惯、监督孩子们的日常学习,教娃娃队员们叠齐衣服、整好书包,摆齐足球……

正是陈宇对娃娃球员所倾注的这些无微不至的关心,他很快获得了家长的认同和领导的支持。

在陈宇的大力运作和领导的支持下,很快,足球运动如火如荼在黄桥实验小学开展起来,不仅人手一个足球,每天上演"千人足球操",而且学校被称为"全国足球特色学校""苏州足球界的'黄埔军校'"。

培养一支技术精湛的球队,陈宇作为教练,总是从自我做起,刻苦钻研,精心备课。一次,他静静地观看克罗地亚与丹麦的较量,最终克罗地亚在点球大战中击败丹麦,杀入世界杯八强。凌晨已过,当无数球迷在想如果克罗地亚能够爆冷夺冠,莫德里奇将有望赢得金球奖时,陈宇脑海里却一边回放着比赛录像,一边分析着克罗地亚的战术。第二天清晨,他出现在黄桥实验小学的足球场,等待他的校园足球队。他一点一滴地把领悟所得毫无保留地传输给他的娃娃队员们,就是这样的与时俱进、日积月累,才一步步增强了向诚球队的实力。

为培养一支球队,陈宇付出了很多。一次生病,正值意大利雷卡纳蒂市市长和教练来访,那天是2016年4月15日,得到消息的时候,陈宇正在挂水,喉咙生疼,精神萎靡,但那天他特意在头发上上了发蜡,带领娃娃队员展现了飒飒的英姿,在外国友人面前树立了良好的中国形象。

正是这样的苦心磨炼,陈宇培养了很多足球明星小子:易浏意是"市长杯"最佳射手、省运会主力;张亚也是省运会主力,又在2018第三届全国"人教杯"校园足球大会获小学男子组最佳射手;2018年8月30日,黄桥实小易浏意、王康、张思远3名小将正式进入江苏苏宁U12梯队,就读于南京外国语学校,开启他们的职业生涯……

"以球育人"铸就校园足球强队

在黄桥实验小学,足球给孩子们带来很多改变。孩子们之所以如此拼命,陈宇认为,是因为他们清楚地认识到:如果能够踢出成绩,就意味着可以踢出未来。对于接下来的人生,他们可以多一种选择。在每一个挥汗如雨的日子里,他们都看到梦想在闪闪发光。有的孩子,因为足球找到了自信,学习成绩进步很快。

"我的理念是用足球育人,做好人,读好书,踢好球。"通过训练,真正教给这些孩子的不止运动技能,最重要的是关于生命的态度:自主、自强、自立、自尊。

通过3年的努力,陈宇这个热血郎凭着对足球事业的满腔热爱,将学校的向诚足球队打造成苏州市的校园足球传统强队,他带领团队转战各地,战果累累,其中2018年,向诚足球队更是迎来获誉高峰期:

2018年7月12日,苏州市教育局、苏州市体育局、《姑苏晚报》、上海申美饮料食品有限公司联合举办了"可口可乐杯"足球比赛,黄桥实小甲乙组均创造历史,分获冠军和季军。

2018年9月29日,向诚足球队在省运会中代表苏州队夺得07—08组足球比赛冠军。

2018年10月14日,向诚足球队以总分第一的好成绩获得了"2018年苏州市十佳小学生社团"称号。

2018年11月7日上午,在福建沿海县级市霞浦第一中学足球赛上,黄桥实验小学荣获2018第三届全国"人教杯"校园足球大会小学男子组季军……

成绩的取得,吸引了很多关注、羡慕的目光,很多学校对陈宇抛出了橄榄枝。面对高薪聘请，他也曾动摇过，但是冷静下来一想：我不能走，我在这片土地上出生、成长，在这里挥洒汗水、成就事业，这里是我梦开始的地方，也必定是我圆梦的地方。

因为工作的出色，2018年7月，陈宇获得了"相城好人"的荣誉称号。2018年11月，陈宇获得了"相城区十佳新人"提名。

其实，在人们的心中，这样用心于娃娃足球的陈宇，早就是人们心中的榜样了！

李春：苏州金龙的设计师

坐上海格公交车出行，不由得让人联想到海格公交车的生产商——金龙联合汽车工业（苏州）有限公司，赞叹这个苏州的自创品牌彰显了"中国制造"的魅力。而魅力的绽放，与一位名叫李春的黄桥人分不开。可以这样说，作为苏州金龙的总工程师、技术中心主任，李春为了挺起"中国制造"的脊梁，呕心沥血。

自主研发让苏州金龙"遨游"四海

城市的高速发展，对环保的要求越来越高，这就迫使公交车加快更新换代，李春感觉自己身上的担子重逾千斤。

苏州金龙从依样画葫芦式的做客车开始，经历了公交车、校车、皮卡的多种尝试与研发，动力方面也经历了燃油、纯电动、氢燃料的逐步升级。在不断创新中，有成功也有失败，每一步的成功都是研发人员汗水浇灌的结晶，更是李春呕心沥血的付出。

20多年来，李春一直在苏州金龙从事技术研发工作，先后担任设计工程师、底盘室主任、产品经理兼技术中心副主任、总工程师兼技术中心主任，长期致力于苏州金龙车公交产品开发。在他的倡导下，苏州金龙建立了实验室、博士后工作站、新能源研究所、海格研发试验中心，致力于构建开放式的技术合作平台，加快技术创新，在无人驾驶、轻量化、氢能源、新能源系统等方面形成先发优势，在智能驾驶车辆安全性、智能化、网联化等方面达到行业先进水平。

2023年5月，780辆苏州金龙海格高端客车从苏州工业园区启程，出口"一带一路"沿线国家沙特阿拉伯，订单金额超4亿元，这是今年以来中国客车出口沙特的最大单。目前，海格客车已累计出口沙特近4000辆，产品覆盖朝觐车、校车、公交车、旅游车和劳工车等全领域，成为沙特客户心中中国客车产品的品质标杆和首选品牌，全面彰显出"中国制造"的过硬实力和产品魅力。

"氢"装上阵助力新能源汽车跑出"加速度"

2023年5月22日，江苏省委常委、苏州市委书记曹路宝到苏州金龙调研新能源汽车产业发展情况，看到了企业自主研发的49吨氢燃料电池牵引车。这台车可以携带8个210升的气瓶，续航里程超350公里。这是苏州金龙在首发42吨半挂氢能重卡基础上，再一次的技术升级。

作为苏州市重点产业技术创新科技，"低能耗长寿命氢燃料电池客车研发项目"早在2020年12月就由李春主持研发，研制了燃料电池重型卡车，通过整车能量优化控制策略、高效电附件开发等手段，降低整车氢耗，提升使用寿命，技术水平国内领先。产品开发当年销售约200台，新增营收4亿元。通过产品研发，培养出一个科研能力强大的硕博士团队，为苏州金龙未来技术发展奠定了坚实基础。氢燃料产品的应用，促进了相关产业的高质量发展，对培育中国新能源汽车战略性新兴产业具有重要推动作用，最终通过江苏省工信厅验收，被鉴定为省级新产品。

率领团队攻关升级的总工程师李春介绍说，氢燃料电池汽车的环保性好，就车辆本身而言，在行驶过程中，只有水排放而无其他任何有害物质。氢燃料电池不会像化石燃料一样产生温室气体排放，从而减少污染并改善空气质量。这种汽车无噪声污染，氢燃料电池不会像风能等其他可再生能源那样产生噪声污染，氢动力汽车比使用传统内燃机的汽车安静得多，加注氢气时间短，氢燃料电池动力单元的加氢时间非常快，与纯电动汽车相比明显更快。与电动汽车不同，氢燃料电池汽车受外界温度影响较小，在寒冷天气下运行，续航里程也不会减少，而且乘坐舒适度更高。

付出了很多也收获了很多

李春长期致力于商用车领域智能网联和电动化产品开发与商业化应用，主持了多个新能源级智能网联产品研制及省部级、市级项目攻关，并培养出大批优秀青年骨干及硕博士研究人员。

李春参与了提升海格客车的多次课题任务书，其中包括"4.3米自动驾驶车型开发""智能车路协同系统关键技术研究及应用示范""L2-L3级智能网联商用车关键核心技术（装备）攻关项目""基于车路云协同的智能网联客车关键技术研发""低能耗长寿命氢燃料电池客车研发""商用车高性能线控底盘及辅助驾驶技术研究与产业化"。在这些市级、省级的科技计划项目中，有不少被江苏省汽车工程协会授予汽车工业科技进步奖,"插电式电子无级变速混联式混合动力系统与控制技术及应用"获上海市人民政府科技二等奖。

  为了苏州金龙的腾飞,李春付出了很多,也收获了很多,他陆续被聘为江苏省氢燃料电池汽车产业研究中心专家委员会委员、金龙集团首批科技创新专家团成员、江苏省汽车工程学会专家、交通运输部自动驾驶技术交通运输行业研发中心技术委员会委员、江苏省产业教授。2019年,被中共厦门金龙集团党委授予"优秀共产党员"称号。2021年,被江苏省汽车工程学会授予优秀专家奖。

后 记

桥,接驳两岸民众,沟通你我心灵,也见证了历史的兴衰。

黄桥的"桥"记载了黄桥的历史文化和未来发展,是黄桥人民的共同财富,而《渔乡桥语》进一步丰富了黄桥的文化底蕴。在这本书的终章之处,我谨代表街道办事处,向每一位参与撰写该书的作者表示感谢,你们辛勤的付出让黄桥历史故事在书中延续!同时,感谢每一位关心和支持该书出版的朋友,你们的喜爱和鼓励使此书得以问世。

在编写这本书的过程中,黄桥街道历史文化研究会的成员用脚步丈量黄桥大地,用深情挖掘黄桥文化,用内心感应时代脉搏,通过收集口述资料、挖掘文献记载,以"桥"为主线,用手中的笔呈现了黄桥的沧桑和变迁,展现了黄桥人民奋斗求索的新征程。

作为新黄桥人,我从《渔乡桥语》中感受到了黄桥人民把拼搏昂扬的坚韧和豪情汇聚成助推黄桥高质量发展的合力。现在的黄桥,产业能级不断提升、城市更新加速推进、教育和文化事业持续壮大、人民生活日益改善……正如文中所言:"黄土桥失而复得,重新焕发新春,留住了乡愁,架起了黄桥文明进步的纽带。"黄桥的发展离不开每一个黄桥人的努力和奉献,历史为我们当下和未来的发展提供了宝贵的经验借鉴，也搭建起了街道全体党员干部奋斗中的"工作桥""思想桥""连心桥"。

黄桥的故事如诗般娓娓道来，《渔乡桥语》的出版，是对黄桥文化的传承和弘扬，同时也为读者提供了一扇了解黄桥文化和历史的窗。希望这本书能够为大家带来启迪和思考，也希望更多的人关注黄桥文化、关心黄桥发展。

走在新的征程上，让我们继续努力，以"桥畔故事"为引领，以"桥乡风流"为激励，以"桥接未来"为目标，把黄桥打造成为更加美丽、更为精致的现代化新城区。